凄いぞ山梨
その魅力と底力
比類なき個性こそ山梨の宝

堀内克一

文芸社

素晴らしきかな・山梨賛歌・山水草木の国・首都圏のオアシス

「おはよう！」朝日に輝く四方の峰々から一斉に声がかかる。その峰を源流とする川瀬の音とカワセミの声の涼やかさよ。素晴らしきかな「山と森、清流の国・山梨」よ。まさに日本のスイスの山梨だ。自然の凄さは、本来の人間に立ち返させる力を持っている。

こうした山梨の自然環境を生んだのは、世界で唯一無二の、独特の山梨の地形と地勢なり。名山が県境をぐるりと城壁の如く連なり、天を突く多くの高山と深山。全国で突出したミネラル水は湧水となり、巌を研ぎ里を潤す。また縁起のよい清冽なる「四囲山水」の景観は別天地の如きなり。里山には、絶滅危機にある虫鳥など希少生物が我を主張している。

一方、南側の富士は、万山を従えて、日の本の勇姿を誇っている。

西側の白峰三山の峰々は、雪を得て白虎の如く天空を駆ける。

鳳凰三山《さんざん》は、翼を整え今天空に飛びたたん。

凛と立つ甲斐駒《かいこま》岳は、鬣《たてがみ》を欹《そばだ》て天風に嘶《いなな》く。

北側の八ヶ《やつ》岳は、白頭を競い夕日に映える。

東側の秩父山系、その主峰金峰《きんぷう》山は、白妙《しろたえ》て連山の王座にある。

甲斐は小国ながら、他にはない人と自然、文化・産業のアイデンティティが聳える別世界の県だ。

その地勢と自然の優位性を活かし、規模は小さくも世界でオンリーワンのトップ企業の集積も可能なり。

北斎は日本の象徴を富士の版画で描いた。

私は山梨の魅力を俳句の映像表現で描きたい。

山梨県の魅力マップ

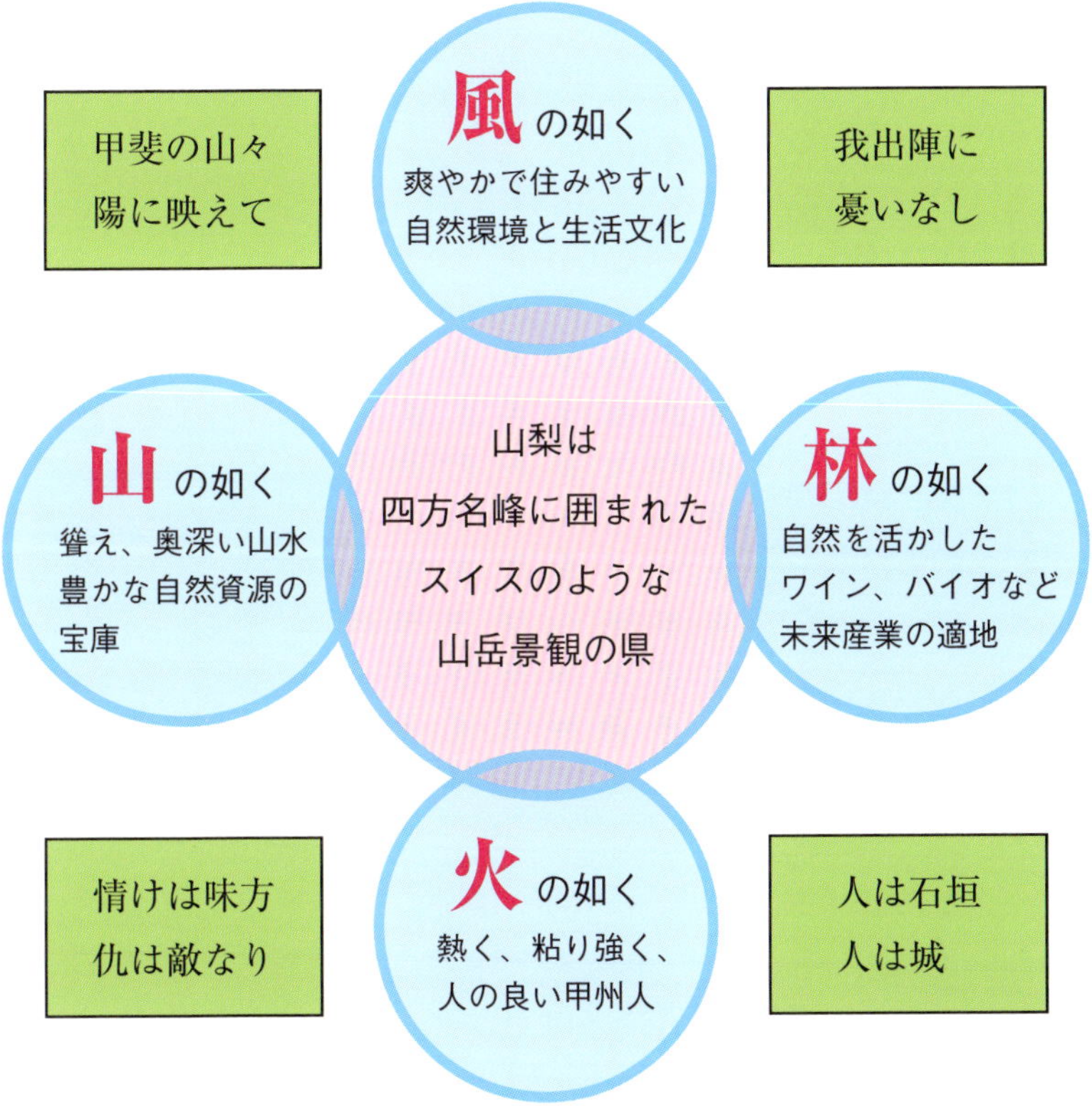
甲斐の山々
陽に映えて
風の如く
爽やかで住みやすい
自然環境と生活文化
我出陣に
憂いなし
山の如く
聳え、奥深い山水
豊かな自然資源の
宝庫
山梨は
四方名峰に囲まれた
スイスのような
山岳景観の県
林の如く
自然を活かした
ワイン、バイオなど
未来産業の適地
情けは味方
仇は敵なり
火の如く
熱く、粘り強く、
人の良い甲州人
人は石垣
人は城

山梨の唯一無二、独立国のような個性・信玄公の視点で表現

山梨の素晴らしさをコンパクトに、信玄の哲学「風・林・火・山」と武田節の一説で表現しました。戦国最強で知恵者である武田信玄。この行動哲学は現在にも通じます。

この本の主旨と特徴

山梨県の魅力は、「小さな県の聳え立つ個性」だと思います。それは千山の中に際立つ秀峰に似ています。例えば県境を富士山や南アルプスなど日本を代表する名峰が城壁の如く囲み、その中には世界で唯一無二と言うべき自然を始め、ソフト、ハードの様々な資源、また先人達の知恵などが詰まっているからです。厳しい時代にあって、その突出した個性こそ山梨の強みであると思います。

この本は、こうした山梨の未来型資源を始め、比類なき個性や底力を鳥の目線で多方面から総合的に紹介し、その資源の工夫と活用で、山梨の最大課題である、「人や企業の増加」など活性化のために活かして欲しいと願い、出版しました。

現在社会は様々な矛盾を抱え成長の限界すら懸念されていますが、幸いにして山梨にはこれに対応できる資源が豊富にあります。問題はそれに気づき、未来指向で実行することだと思います。

人口戦略会議が二〇二四年の四月に公表した二十五年後の人口減少の推計。その中で県内の十一の市町村が人口減によって消滅する可能性があると想定しました。まさに少子化、労働人口の急減は山梨の存立に関わる大問題です。

これに対処するには、当面の少子化抑制などの対策は勿論です。しかしこれは他所でも行う政策であり、不十分です。小さな県山梨が他所と一線を画し優位性を出すには、この本で紹介するような足元にある資源や立地条件を最大限活かす。また、人口の急減による税収減が予想される中で、従来型の大型公共事業などをする余裕はなく、厳しい時代に備えた定住誘導などの施策こそ最優先課題だと思います。

例えば、山梨の突出した特徴と言える首都圏に隣接した奥庭的立地と山国の独特の環境と風土。それを最大限活かし、首都圏の人々を山梨に誘導するのです。具体的には、「山梨は首都圏のオアシス」・「環境に優しい先進県」と宣言をするのも方法です。そして首都圏が失った環境などマイナス面を逆に活かし、魅力化するのです。首都圏の皆さんが望む山梨の魅力は、県内の街、村、工場など全ての地域が山と一体になり緑や花、鳥や昆虫が住み、また歴史、風土人情に溢れ、水音が響く山国、スイスのような情景ではないでしょうか。もし山梨に緑が少なくコンクリートが目立ち、便利と機能が優先の殺伐とした景観であるならば魅力は無いのです。次の時代は老子の言う「足るを知り、欲の最少化」への発想の転換こそ重要ではないでしょうか。

この本は句集ではありません。読者の皆さんが文面から映像化してイメージを広げていただくための手法として俳句を使い、また、上手さよりわかりやすい表現にしました。俳句の利点はコンパクトで映像化、想像性の表現にあるからです。そして、読者の想像力を高めるために五、七、五の言葉の間にあえて空間を作りました。この本のような俳句の活用は異例とは思いますが、俳句の新分野への挑戦だと思っています。

●**本の特徴**としては、まず読み易く拾い読みもできるようにしました。また山梨の魅力や特徴を多方面から総合的に紹介し、そこから山梨を鳥の目線で概観できるように努めました。山梨に関する出版本は特定分野のものが多いのですが、このような視点からの本は少ないかと思っています。なお、一部過剰と思える表現や不備があるかと思いますが、山梨への熱い想いとしてご容赦いただきたく思います。

●**この本を勧めたい方々**は、山梨に興味と関心をもつ多くの皆さんを始め、県内では県民一般や県市町村の首長や職員など行政関係者。観光や企業、教育、文化関係などの方々です。また山梨出身の県人会の皆さんなどです。こうした方々にこの本が少しでもお役に立てばと願っています。

●**この本の出版の動機**、それは私が県内各地を何回も訪れる機会に恵まれ、多くの情報に触れ、地域の良さを肌で実感したことです。例えば県庁在職中に県の公報紙の編集担当や県の主要政策の総合調整の外、農林業、商工、文化など九部所での経験。また山梨活性化プロジェクトチームや県ボランティアセンター、棚田保存、メセナなどの多くのボランティア活動に関わってきたこと、更に俳句では四十年余の経験の中で多くの俳友や俳句同人誌主宰者などとの交流がありました。それが出版の動機になりました。

目次

甲斐の誇り・その二　山梨は別世界・名峰が県境を城壁状に囲む

甲斐の誇り・その四　贅沢な山梨県民・名峰を仰ぎつつ暮らす

甲斐の誇り・その五　山梨の強みを生かした産業と食

甲斐の誇り・その六　甲州人気質の「思いやり」・甲州方言は現在社会のスパイス的存在

甲斐の誇り・その七　日本の歴史を拓いた偉人

甲斐の誇り・その八　山梨の古代の文化と古道や峠

甲斐の誇り・その九　全国へ発信・山梨固有の文化

甲斐の誇り・その十　山梨の魅力と底力を・芸術表現で世界へ発信

山梨の魅力を俳句で綴る

一、スイスのような山岳景観、
城壁状の高山が囲む・別天地

家毎に　おらが富士置き　夏座敷
アルプスの　雪解うながす　桃の花
千山に　千の顔あり　甲斐の春
どんと夏　甲斐の山々　競ひあふ
甲斐路行く　いづこも雪の　山襖
山峡は　身の透くほどの　濃き緑
秋の山　高すぎて　バス遠く過ぐ
甲斐の春　一木一草　みなの母
雪稜の　囲む盆地や　夕餉の灯

小海線小淵沢町の景色・後ろは南アルプス連山

二、山梨は、貴重な水と森林資源の宝庫

甲斐ヶ嶺の　ふところ深き　水の秋
行く春や　甲斐は何処も　水音す
ぶなの森　豊かに光る　岩清水
ビルの蛇口　ひねれば甲斐の　岩清水
風光る　甲斐は木の国　水の国
甲斐に生き　山を背負ひて　水の秋
ふるさとは　悲しきまでに　紅葉山
甲斐連山　冴えを競いて　迫りくる

八ヶ岳からの伏流水・吐竜の滝

三、満足度と健康寿命・全国最上位の山梨

甲斐に生く　それだけでいい　春山河
移住地の　雲ゆったりと　蝶の昼
首都隣る　甲斐は砦ぞ　山燃える
乾杯は　茶碗のワイン　炉火明り
いーいさよう　笑みの広がる　花の風
うどわらび　向こう三軒　両隣
朝採りの　野菜どさりと　縁の先

山川草木の国・山梨。甲府盆地全域が癒しの空間に

四、大自然と一体の、
未来型の産業の適地・山梨

工場も　裾野の景や　夏の富士

工場の　窓はキャンバス　夏の八ヶ《やつ》岳

工場の　窓開け放ち　ひばり笛

工場の　戸口に迫る　青嵐

黄鶲《きびたき》の　あまさず響く　研究棟

初つばめ　窓全開の　テレワーク

テレワーク　後ろに森と　滝の音

山国ならではの工場の景。緑と瀬音、鳥の声が……

山梨の比類なき魅力と底力の要約

一、山梨にしかない世界で唯一の自然、それは山国の特異な地形による山岳景観や気象、風土です。

そこには奥深い森林が凝縮され、豊富な名水の国を形成しています。県境に沿って全国一位から三位を占める富士山、北岳、間ノ岳や多くの高山が聳え、城壁状に囲み、隔絶した世界を形成しています。その「地政学」（地理的な環境）的特異性は、日本列島の現形が形成された約千五百万年前後に、山梨周辺で日本列島の基となる島どうしが衝突し、地殻変動して、現在の山梨の地形が生まれたと言われています。その地形は独特の気象現象を生み、日本一標高の高い所まで森林が茂り（森林限界）、奥深い森を形成しています。

そして重要なのは、その森林の殆どは開発されなかったことです。その最大要因は県内の森林面積のなんと四六％もが天皇より下賜された県有林で占め、その多くが標高の高い奥地であったことによります。そうした先人達の苦労の蓄積があってこそ世界にも誇る山紫水明の自然が形成されており、ミネラル水の量と質で二十五年間日本一、世界でも屈指を誇っているのです。

その森林は食物連鎖の基礎であり、全ての生命体の母的存在です。そして微生物や植物、動物や鳥、昆虫をも豊かにしているのです。それらの恩恵によって山梨は果物やワイン大国を生み、また独自の風土や経済、文化の形成へと連なっているのです。こうした資源は、山梨の未来を支える貴重な財産なのです。

二、全ての生命の危機が迫る地球温暖化・山梨にはその対策のヒントがあります。

今や地球の温暖化は回復不能のレベルに上昇し、生命の危機へカウントダウンの段階にあると言われています。国連の「気候変動に関する政府パネル」によると、地球の温度は今世紀末に3・5~5・7度上昇を予測し、その影響は原因不明の病気や感染症、旱魃、豪雨、海水面上昇、森林火災、食料危機、などで深刻の状況が推定されています。幸い山梨は持続可能な自然資源に恵まれており、その対策のヒントも豊富にあります。

日本第2の高峰である北岳周辺の高山群と源流の谷。堀内翔太氏提供

三、山梨へ人や企業、人材を誘導する。その手段として「環境先進県」をアピールしてはどうか。

山梨にしかない資源の魅力を活かして、人口問題の解決や経済活性化に繋げる提案です。

例えば環境先進県の事業とした、「森と水の国やまなし」を宣言し、これに感謝する記念日を定め休日とし、県民こぞって地域、学校、企業、商店などが関連の活動を行うのです。また山梨が水素燃料の実用化実験の先進県であることを活用し、「持続可能なエネルギーモデル県」を宣言し実用化の様々な事業を展開するのです。水素燃料は石油に代わる新時代のエネルギーであり、持続可能の切り札的存在だからです。この事業は、国や民間企業の支援が得られ易いという利点があります。また県民の環境への意識の高さや真剣さを内外にアピールする方法として、スイスのような特定政策での住民投票制も一例かと思います。山梨は合意形成し易い少ない人口規模であり、郷土愛の強い甲州人気質があるからです。また、投票しない人が六割ほどになっている現選挙制度への新しい試みにもなると思います。

四、山梨は「移住地希望のランキング」で、連続上位にあります。

それはＮＰＯ法人ふるさと回廊センターの調査です。それを可能にしたのは、山梨の快適な環境によることが大きいと思います。

一つは、県土面積の約三割を自然が中心の国立、公立公園が占め、四方には秀麗な山岳景観がありま す。その自然が程よく身近にあり、また田舎度が適度にあることです。そして山岳型の内陸気候のために降水量は少なく、日照時間が長く、台風の通過も少ないのです。そして県内全域が名水の湧出地であり、また果物やワインなどの食文化に恵まれています。

二つは、伝統のある「甲州人気質」です。それは人を思いやる「利他の精神」です。それを現す例としては、山梨にしかない「無尽会」や「ワイン会」の親睦組織の多さです。会費の一部を溜めてお金を仲間同志で工面し合う習慣です。また甲州方言です。「いいさよー」とした方言に代表される親しさや他人への思いやりの人柄を現しています。これらは山梨県民のDNA的な気質と言えます。また甲州方言は現在社会のスパイス的存在です。こうした山梨の人的魅力こそ、定住対策に活用してほしいです。

三つは、小さな山国が持つ特徴です。それは地域での連帯意識、同郷意識の強さであり、地域での合意形成のし易さです。それは四方が山で囲まれた特異な環境が影響していると思います。

こうした山梨にしかない小さな県の突出した利点を活かし、新時代をリードする様々な取り組みに挑戦してほしいです。

五、「山梨県人会」の活動、それは山梨県民の誇りです。

この組織は山梨県外に居住する県出身者により構成され、県外の各地や海外にあります。郷土山梨を応援する甲州人独特の郷土愛の結集した頼もしい組織です。

会員は首都圏在住者で組織する山梨県人会連合会だけでも約三万五千人余おり、また家族や団体等の関係者を含めると約二百万人、それ以外の大阪、京都など各県と海外の十五の国の団体を含めると三百万人以上に及びます。また活動は居住地ごと、出身市町村ごと、学校同窓会、職域ごとにきめ細かく行われ、常に山梨県民を見守っていただいている大変頼りになる組織です。

六、山梨県民の「豊かさ度」は全国的に常に中位にあります。

一人あたりの県民所得では全国都道府県の中で十八位（二〇一一年）であり、その前後に埼玉と福岡県があります。人口では四十一位と小規模な県ながら健闘していると思います。それは山梨の産業活動の基礎部分、例えば全国一を誇るぶどうなど果樹やワイン、宝飾、ミネラル水、また電子機器や機材生産用機械、電子部品、数値制御装置。さらに伝統産業である繊維などが健闘していることによります。

それを可能にしたのは、恵まれた自然環境や伝統をもつ技術の蓄積。また東京、神奈川など大都市に近い地理的、輸送の優位性などによるものと思います。

七、山梨の「健康寿命」は全国調査で直近十年間トップクラスです。

これは無病のままで人生を終える健康度の高い県民であることの現われです。それは人に優しい自然や生活環境・食生活などによるものと思います。

特に最近の研究で飲料水と健康との関係が証明されており、県民が日常摂っている水分が山梨独特の地質による豊富なミネラルであることによると思います。水分は人体の約六割を占め、生命維持のための機能調整をしているからです。またこの山梨の水がミネラルウォーターの生産量において全国で断トツのトップであることを考えると、山梨は「健康の水全国一の国」とも言えます。

八、山梨は「首都圏のオアシス」的存在です。

山梨の地理的有利性は、首都圏に隣接していることです。一方、首都圏の市民にとって山梨はオアシスのような存在です。すぐ近くに三千メートル級の名峰が囲む「日本のスイス」のような別世界があるからです。それは世界的に見ても珍しいことです。そうした好条件を両者とも活かしておらず大変残念です。

今後リニアや交通手段の進化で更に時間距離は短縮され、この便利さによるメリットは大きいと思います。しかし目先の利益に走り過ぎると、環境破壊や俗化された魅力のない県になり、また訪れる人は増えても足早に去り滞在や定住、企業の立地に連動しないこともあり得ます。即効性はなくとも、この本で紹介するような山梨の魅力アップこそ重要だと思います。

九、山梨は首都東京にとって、歴史的に緊急時の安全の場所でした。

徳川幕府が甲斐国を異常事態に備えた避難国と定め、次期将軍候補を甲府城主にしていたのです。こうした山梨の存在価値は、現在においても生きています。

家屋や工場などが集中する東京や神奈川、千葉などの多くの地域の地盤は広大な扇状地や埋め立て地、また海の沿岸地です。しかしその場所は東南海地震が七十年以内にいつ襲ってくるかわからない危険な状況下にあります。また現状のまま温暖化が進めば海水面は今世紀末最大で一メートル上昇すると想定され、東京ならば河川沿いに埼玉県境付近まで影響する可能性すらあると言われています。

一方山梨は、勿論別の面での災害のリスクはありますが、山岳の硬い地形地盤が多いこと、また人やビル、交通運輸などの構築物などの集中や複雑度において対極とも言える安全な環境にあります。

その点では、首都の産業や暮らしなどの危険分散の面でも山梨の存在は大きいかと思います。

十、山梨県民は、この山梨に自信と誇りを持ち、またその魅力を広く発信して欲しいです。

外部から見てぜひ住んでみたい魅力ある地域は、地元の人達が郷土に自信を持ち輝いていることです。その代表例は、山梨と類似環境にあるスイスの国民です。日本で一番とも言える人気の国です。スイス国民は自国の山河や景観、歴史文化を自分のことのように誇りを持っていて、また、持続可能な環境保全に対しては極めて厳しい意見を持ち、住民投票を通じ意見を反映しています。山梨もこれを参考に「山梨の魅力アップ総合事業」を起こしてはどうでしょうか。例えば信濃教育のような「山梨教育」や山梨を総合的に研究、学ぶ「山梨学」や「魅力づくり戦略研究所」の創設。環境基金の創設。企業や団体での環境宣言など様々なソフト事業が考えられます。

甲斐の誇り・その一　世界一の秀麗富士山

山梨県民の誇りであり、県民の心に聳え立っています

第一章　息をのむ富士山の景は山梨県側に集中

富士山は日本の象徴的存在

山梨側からの富士の姿は、秀麗さと品格で世界一であります。
この景は全国民、また山梨県民の心に常に聳え立っています。

日本の　帆を張る富士の　夏姿
日の本を　鎮めて富士の　初あかり
冬麗《とうれい》の　富士寡黙なり　父に似て
日本の　勇を歌舞ける　雪解富士《ゆきげふじ》
初空の　富士を尊く　湖に映す

晴ればれと　両裾広げ　五月富士
胸を張り　風に真向ふ　雪解富士

左右対称で裾野の広い、世界一優美な富士山

富士山が世界遺産になった本意は、熊野信仰と同じ霊場たる精神性の高さです。しかも富士山は日本国の象徴であり、全国民の心の支柱的存在です。これは世界唯一の特異性であり、単なる観光の場所ではないのです。この聖域が開発などで侵されることのないように、特に地元である山梨県民は常に注視し、また必要な努力をして欲しいです。富士山は古来より最も神々しい「鎮めの霊山」と崇められ、二つとない山「不二山」の別名があります。日本人は誰でも富士に特別の想いを持ち、富士を介して心を律しています。

そんな富士が県内のどこからも仰げ、その存在に安堵します。改めて山梨に住んでいて良かったという実感が湧いてきます。

平和のシンボルである富士山

日本の平和の象徴であり、
世界平和のシンボル的存在の富士山。

平和とは　吹雪に富士の　動かざる
戦《いくさ》なき　ことこそ良けれ　五月富士
争うな
　おごるな雪解
　　富士聳《そび》ゆ
平安の
　富士長閑《のど》やかに
　　裾を引く

世界一端正で美しいと
言われる富士山

富士山は、国内全ての山に抜きん出て、また独立峰として凛と聳えています。またその形は非の打ち所がないほどに端正にしてどっしりしています。その飛びぬけた高さ故に激しく風雨に晒されていますが、微動だにせず、優美さを保っています。それは、争いの絶えない世界を鎮め、平和のために敢然と立ちつくす雄姿にすら見えます。

この世界に比類なき富士の姿こそ、世界平和のシンボルであり、平和の騎士的な存在と言えます。

紙幣に登場する富士は、山梨県内の景

日本を代表する絶景は、山梨側からの富士山です。
それは過去と現在に何回となく紙幣に登場している
富士のほとんどが、山梨からの眺めだからです

手の切れる　やうな紙幣に　五月富士
汗の手に　受けるお札の　富士清《すが》し
ピン札の　富士懐に　初詣

野口英世の千円札の裏のデザインは、
本栖湖よりの逆さ富士

新渡戸稲造の五千円札、野口英世の千円札に描かれたものと同じ所から撮影された山梨の美しい逆さ富士

新渡戸稲造の五千円札と野口英世の千円札の裏側の富士は写真家の岡田紅陽の作品を基にデザインされたものです。

撮影場所は本栖湖湖畔西側の高台からです。また、岩倉具視の旧五百円札の裏側の富士は、笹子峠から大菩薩峠に連なる峰の中間地点である、ハイキングで有名な雁ヶ腹摺山の頂上からです。

これ以外の過去の紙幣や貨幣にも山梨側の富士が描かれており、まさに日本を代表する絶景と言えます。

第二章　光、色彩、影が織りなす千変の富士

世界一の優美さ、秀麗の富士

世界一優美な独立峰・更に周辺の五つの湖と山々、
それに太陽の光が千変の景となり、
富士がそこで役者のように歌舞いています。

ゆったりと
　裾引く富士や
　　初明かり

窓開く　枠一杯に　五月富士
天辺の　鼻梁清《すが》しき　皐月富士
渾身の　一日暮れゆく　秋の富士

朝焼け、夕焼けの素晴らしい眺め

山梨側からの富士山は、頂上から麓まで突起はなく、しかも左右対照に裾野を長々と伸ばしています。その優美さは世界中でも類のない絶景と言えます。しかもその富士山を引きたて、また富士と共演するように五つの湖と周辺の山々がバランスよく配置されています。そして刻々と変わる自然現象も加わり、一層変化に富んだ富士山を楽しむことができます。

仏教の「日輪」を想起するダイヤモンド富士

息をのむ瞬間、「ダイヤモンド富士」は、
山梨側がベストポジションです。
日の出と日の入りの太陽が、
ちょうど富士の山頂に掛かる時に、
太陽が大きなダイヤの
輝きに見えることから
「ダイヤモンド富士」と
言われています。

日の本の　夜明けや　ダイヤモンド富士
朝焼けの　富士は菩薩か　明けの春
日輪の　富士に掛りて　年明ける
初日の出　懸からんとして　富士燃えぬ

山中湖よりの
ダイヤモンド富士

富士山と太陽が織りなす不思議な自然現象で、それが見られる場所は山梨側に偏在していて、日の出の時は本栖湖や精進湖、竜ヶ岳、増穂町穂積、身延山などからがベストで、日の入りの時は山中湖側、忍野がベストポジションです。時期は10月下旬から２月中旬までの長期間可能です。

更に幻想的なのは、富士が山中湖や本栖湖、西湖、精進湖の湖面に映る時で、「ダブルダイヤモンド」と呼ばれています。そのチャンスを狙い、多くのカメラマンが訪れています。

また月の場合は、「パール富士」として人気があります。

「逆さ富士」の富士五湖の絶景

万華鏡のように五湖に映る逆さ富士。
世界遺産である富士の絶景の一つです。
父なる富士に対し、
それを富士五湖に
抱擁するように映るのが
「母なる富士」と
言われ、この対比は
絶妙の景と言えます。

富士抱く　母なる五湖や　夏の果て
ある限り　夕日集めて　五湖の冬
雪解の　破顔を映す　逆さ富士
泳がせて　湖面に逆さ　富士と月
行く秋や　夕富士残る　水鏡

河口湖の逆さ富士

山梨側の富士山の裾に展開する5つの湖は、「逆さ富士」の舞台です。水面に富士が上下反転した形で影が映る相似形の富士山の形を一番特徴的に表わし、幾何学的景観として有名です。その表情は五湖ごとに多様で、空と雲や朝昼夜で刻々変化し、また雪や桜、ラベンダー、紅葉など四季を通して最高の表情を見せてくれます。逆さ富士のその美しさは古来より愛でられ、葛飾北斎の描いた河口湖からの「三坂水面」や、太宰治は御坂峠から見た逆さ富士を『富嶽百景』の中で描いています。

富士五湖は山中湖、河口湖、西湖、精進湖、本栖湖でありますが、それぞれ全く違う逆さ富士が見られ、ダイアモンド富士、赤富士、朝夕富士などとも合わせ、万華鏡の景観として世界の絶景の一つとされています。

歌舞伎の「見得」のようなポーズの「赤富士」（夏）

葛飾北斎の代表作である「赤富士」。
長い裾野の景は山梨側から
画いた構図です。
赤富士は夏、
紅富士は冬の表情です。

夏果ての
　富士が酔ひたる
　　ごと赤し

赤富士の　裾長々と　見得をきる
晩夏富士　暮れてほてりの　治まらず
正面に　富士明王《ふじみょうおう》か　夕焼けか
赤富士の　版画さながら　寂光土
渾身に　緋衣《ひごろも》傾《かぶ》く　晩夏富士

赤富士（男富士）

赤富士は、主に晩夏から初秋の早朝に山肌が赤く染まる現象です。古くから開運、縁起の良い現象として画題に登場し、特に葛飾北斎の浮世絵『富嶽三十六景』の「凱風快晴」の赤富士はゴッホ、モネも転写するほどの世界的名画です。富士山が天に向かい聳え立つ情景は、歌舞伎の「見得を切る」場面にも似ており、赤面の役者が動きを止め睨みを利かせるストップモーションポーズそのものです。

これが見られる最高の場所は、山中湖や河口湖周辺など山梨側であり、赤富士が湖面に逆さに映る景色は特に人気です。赤富士は「男富士」（夏）、一方、紅富士は「女富士」（冬）ともよばれています。

女富士としての「紅富士」（冬）

「紅富士」は、
女富士とも言われ、
頬紅の色気ある
富士として人気。
冬の絶景です。

紅富士や
　春寿《はることほ》ぎの
衣《きぬ》を纏《まと》ひ
初空に
ほてる面輪《おもわ》や
女富士
頬染めて　女気高く　雪の富士
嵐過ぎ　空に安堵や　紅の富士

山中湖からの紅富士（女富士）

紅富士は、12月から３月の真冬の朝夕、雪の白い斜面が光でフラミンゴ色に染まる現象。凛とした空気の澄んだ数分間見られる絶景です。
運気上昇にあやかれるとして人気があり、絶景スポットは山中湖や本栖湖で、その湖面に映る「逆さ紅富士」も見逃せない景色です。

雲こそ千変万化の富士の演出者

雲は、富士山が「千変万化」「千景万色」を演出する最良の共演者です。

雲を脱ぎ　富士きっぱりと　冬に入る
雲の座に　かっと見得きる　雪解富士
風を呼び　雲と戯る　夏の富士
笠富士の　今日の機嫌や　今朝の秋

精進湖の美しい日の出

笠富士

富士山は単独峰のため、湿気を含む風が直接当たり色々な雲形をつくり、古代より天気予報の指標とされてきました。代表的な雲型としては、笠雲、ひさし雲、浮き雲、レンズ雲、連笠雲、流れ雲、吊るし雲、前掛け雲、離れ雲、茜雲、雲の座などがあります。

一方、朝昼夕夜と刻々と変わる太陽光と雲との絶妙な色彩と陰影は、目を見張るものがあります。こうした雲との共演者が揃うことで、富士山は歌舞伎の千両役者のように演じるのです。

第三章　富士山と一体化した富士周辺の絶景

花が似合う富士の勇姿

「花と相性抜群の富士山」。
人気の桜と富士と仏塔が織りなす
新倉山の絶景など、
富士五湖周辺は花の名勝地です。

花の海　浮きて快楽《けらく》や　塔と富士
不二の山　ふくれんばかり　お花畑《はなばた》
暮れ残る　富士赤々と　月見草
浄土なる　富士に平伏す　芝桜
ラベンダー　揺れて不二ヶ嶺　正しくす
花枠に　凛と納まる　雪解富士
コスモスの　少し風ある　富士の峰

富士と塔と桜の絶妙な配置。とくに外国人観光客の人気が高いです。富士吉田市新倉山浅間公園より。富士吉田市提供

小説家の太宰治の名言に、「富士には月見草がよく似合う」があります。標高千メートル以上にある富士五湖地方には、桜を始め四季折々の花が鑑賞できスポットが点在しています。

海外観光客の一番人気である富士吉田市の新倉山浅間公園からの富士山と桜と五重の塔（パコダ）の絶景。また山中湖畔で30万㎡に四季折々の花が咲く「花の都公園」。河口湖畔の10万本に及ぶ「ラベンダー公園」、旧富士登山道に沿って咲く富士桜や紫陽花、本栖湖近くの80万株を誇る「芝ざくら公園」など、花のスポットは数え切れないほど無数にあります。また、富士山登山で見られる富士アザミ、ヤナギラン、コケモモも見どころです。

夜景を演出する富士山

天空の富士と下界が織りなす壮大な夜景。
その中で様々な表情を見せる富士山は名役者です。

富士ヶ嶺の　月を乗せては　背負ひては

山仕舞ふ　富士に涅槃の　街灯り

月の富士　黙寂《しじま》にかへる　晩夏かな

黒々と　銀河を泳ぐ　不二の嶺

富士吉田の夜景と優美にそびえる富士山

独立峰として夜空に聳え立つ富士山は、自然界の様々な光を受け、麓の富士五湖に映る街灯りなどの演出もあり、昼とは違う名役者の演技を見せています。特に下界から見る帯状の登山者の灯は、天に竜が登るように見えます。更に月の効果も絶妙で夢のような世界です。

また朝夕の舞台照明のような太陽光は、富士や富士五湖、麓の町を一層幻想の世界に変身させます。

富士湧水の里・忍野八海

忍野八海も世界遺産の一つです。
富士山の伏流水と
地底湖のある湖として、
また富士信仰の
禊の霊場として有名です。

地底湖を
秘めて忍野の
水澄める

八海に　映《は》える紅葉や　逆さ富士
水の秋　富士より晴るる　忍野かな

忍野八海からの富士

かつては富士五湖と並ぶ宇津湖がありましたが、富士山の噴火で山中湖と分断され、八湖が誕生しました。最近の湖底探索により、地下に巨大な湖中洞窟の存在がわかりました。ここでの湧水は富士に降った雪水を20年以上かけ濾過し噴出しているものです。その透明度と有効成分は群を抜いて良く、この周辺一帯で生産されるミネラル水の質と量は国内トップクラスです。またこの湧水は桂川の源流であり、横浜など京浜地域の貴重な水源にもなっています。

また富士講に際し、身を清める八海巡り信仰の霊場、行場として重要な場所でもありました。

北斎の富士の版画・山梨県側の景

葛飾北斎の代表作で世界的に有名な、
荒波に富士を配した二つの版画。
その一つが山梨県鰍沢の富士川から描いた富士です。
それ以外に山梨から描いた有名な作品が幾つかあります。

滝つ瀬に　挑む投網や　皐月富士
湖に映る　煌めく朝の　五月富士
富士見えて　峠急ぐや　走り梅雨

葛飾北斎富嶽三十六景、甲州石班澤。日本三大急流富士川を描いています。東京富士美術館提供

葛飾北斎富嶽三十六景、甲州三坂水面。下の湖水は河口湖。すみだ北斎美術館提供

世界的に有名な北斎の「神奈川沖浪裏」の版画。それに並び波の大迫力として有名なのが、山梨県の富士川町（旧鰍沢町）からの「甲州石班澤」です。激しい波と岩場での漁舟のスリル満点の構図と色彩は斬新であり、当時西洋でブームになったジャポニズムの火付けになった作品の一つです。これらは北斎の『富嶽三十六景』の中で描かれたもので、その他山梨側からの富士の作品は「逆さ富士」を描いた『甲州三坂水面』や『犬目峠』を含め５点あります。また別の「富嶽百景」の作品では３点が有名です。

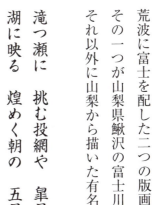

青木ヶ原樹海・熔岩洞窟の規模で世界一

青木ヶ原樹海は、
熔岩大地の激しい起伏と密林であり、
また磁石が利かないために
入ったら出て来られない
危険の場所と言われています。
また、熔岩洞窟の
数と広がりでは世界一です。

苔青く　マグマ鎮まる　樹海かな
ただならぬ　氷柱夏の　洞の中
迷路なる　熔岩洞窟　涼気過ぐ
累々と　溶岩の海　苔の花
洞窟の　割れ目に仰ぐ　秋の天
洞穴に　千の顔あり　涼気過ぐ

青木ヶ原樹海の溶岩上の土は
5センチほどしかありません。
コケで樹木は生きています

この樹海は、富士山の山梨側に展開する東京ドーム650個分程の広大な原始林です。複雑に起伏した溶岩に苔や樹木が茂り、昼も暗く方角がわかりづらく、ミステリー小説の舞台によく登場します。そのため、未だわからない大小無数の洞窟や風穴などがあると言われています。これらの洞窟は、熔岩流が無数に枝分かれして岩を溶かし流れた「熔岩チューブ」による痕跡で、深さ50メートル、長さ数キロメートルのものも多くあります。冷涼のため、古くから茶や養蚕用の卵などの保存庫として使われてきました。

また、青木ヶ原以外でも富士周辺には多くの洞窟が点在しており、中には富士信仰で洞穴の体内に入ることで生まれ変わるとする船津胎内神社の「胎内洞穴潜り」もあります。この洞穴は腸の内部に似ており全長68メートルもあります。これは溶岩流が大木をなぎ倒して流れ、その後大木の部分が朽ちて空洞ができたものです。

富士山周辺の山々からの絶景

富士山を囲む山梨側の山々は
展望の特等席です。
三つ峠山など御坂《みさか》山塊や
都留市内の二十一秀峰などからの
展望は別々の富士の勇姿が
見られます。また首都圏からの
日帰りハイキングの地としても
人気があります

初雪の　富士に真向かふ　三《み》つ峠《とうげ》山
四囲の山　芽吹きて富士は　まだ寝《い》ぬる
富士仰ぎ　富士と歩むや　紅葉尾根
富士囲む　御坂連山　山笑ふ
ザイル引く　岩屋の先に　雪の富士
月見草　富士暗むまで　揺れやまず

御坂連山の新道峠からの富士山

山梨県側には、富士山を半円に囲むように聳え、その表情をワイドに見ることができる山々があります。特に有名なのはテレビ映像で馴染みの富士山が左右対称で最も優美に見える三つ峠山（開運山）です。また、その山の直下にはロッククライミングのメッカである岩壁があります。さらには湖や樹海を眼下にできる石割山、黒岳、釈迦ヶ岳、ダイヤモンド富士の特等席である竜ヶ岳と毛無山などがあります。都留市21秀峰では、山並みを眼下に富士眺望のよい御正体山、高畑山、高川山、九鬼山、二十六夜山などがあります。これらの山は首都圏から気軽にアクセスでき、富士を展望できるハイキングのゴールデンコースです。

第四章　富士と人・そして独特の富士文化

山梨県民にとって富士山は「父親的」な存在

富士山が家々の庭先にドンと座す
贅沢な景色。
山梨県内の各地で見られ、
県民にとり、富士は頼もしい
父親母親的な存在です。

家々に　我の富士あり　夏座敷
月あげて　富士は狭庭に　どんとあり
道曲がり　曲がれる先も　雪の富士
甲斐は春　富士と旅する　心地して
甲斐盆地　山また山の　雪解かな
連山の　うねりの先に　五月富士

富士山と市街地が一体
化した唯一無二の景観。
富士吉田市提供

山梨県内の各所から見える富士山は、前景に我が家の庭や果樹園、工場、公園などが、また山や河川などが形よく配置されて見えます。山梨県民は日常の生活のあらゆる場面にいつも富士山が存在しているのです。それは贅沢な県民の特権とも言えます。苦しい時や楽しい時に富士に目をやると、心が和み、勇気をもらえます。県民一人ひとりの心には「おらが富士」があり、また「生活の道しるべ」にもなっています。県民は何時も親しみを込めて「富士さん」と呼んでいます。また県内を訪れる人にとっても、富士は灯台のような、旅の水先案内人的な存在でもあります。

江戸で大ブームだった富士講

富士山信仰（富士講）は、
富士山をご神体として
崇める、日本人独特の
自然崇拝の信仰です。
ユネスコの
世界文化遺産登録の
重要な認定要件にもなっています。

早発《はやだち》の　鈴の涼しき　御師《おし》の宿
六根の　声に鎮《しず》もる　富士桜
夏草を　分け行く講の　声揃ふ
山開く　富士結界の　大鳥居
厄払ふ　胎内洞穴　涼気過ぐ
鈴音の　春呼び交はす　講の道

めずらしい洞窟神社、
船津胎内樹型

壮麗で優美な富士山には、霊性が宿り、安堵と信頼、平和を授かる信仰の拠り所として平安時代頃より日本人の心に生きてきました。富士詣《ふじもうで》が盛んになったのは江戸時代で、全国津々浦々からの講人で賑わいました。しかし富士詣の旅は至難のために、仲間で「富士講」と言う組織をつくり、何年か金を積み立て、「先達《せんだつ》」と言うリーダーに従い旅立ちました。特に江戸っ子は大変熱心で、市中に講が808講あり、８万人の講人がおりました。また千代田区や文京区など市内に120もの富士を模した「富士塚」が作られるほどでした。

江戸から最短のコースは、内藤新宿からの甲州街道を経て、現在の富士吉田市の富士北口本宮浅間神社の吉田登山口に至るものです。この周辺には講人の手配と案内、宿泊をする約80軒の「御師《おし》の家」がありました。また、登山口からは神の聖域とされ、その前に身を清め俗世の厄を祓うための禊の場所として水行の「忍野八海」、また点在する溶岩洞穴や胎内洞窟、神社などで祓いをしました。富士五湖周辺には、それに関連する歴史遺産が無数に残り、それが世界遺産になっています。

世界的に大人気の富士登山・六割は吉田口より

年間三十万人余が登る富士登山。
一番人気は、山梨側五合目からの
吉田口ルートです。
変化に富んだ展望と、
アクセスが良く
最短で登れることが
人気の要因です。

星空へ　昇竜のごと　登山の灯
雲海の　割れて広がる　五湖盆地
日の本の　平安ありて　御来迎
ご来迎　待つや暗みに　ひそむ声
頂きに　銀河残して　富士下る

以前最もにぎわった富士山吉田口登山道

現在は空前の富士登山ブームです。それは世界で唯一無二の優美で端正な独立峰の魅力によるものでしょう。特に魅力的なのは、登山者の６割を占める山梨側の吉田口登山道です。麓にバランス良く配置されている五湖と、変化に富んだ周囲の山々の織りなす絶景を楽しみながら登れるからです。また、アクセスの良さも要因の一つです。東京より麓の河口湖まで、中央高速道で約１時間半。そこより富士五合目の標高2300メートルまで富士スバルライン有料道路で約40分。一気に登れる便利さがあります。五合目周辺は森林限界であるために頂上が真上に見え、また、遠く北アルプスまで展望できます。

頂上の3776メートルまでは、九十九折れの道で標高差約1400メートルを６時間余で登れます。途中には適度にトイレや山小屋、救護所があり、不便はありません。人気はご来光を拝むための深夜の登山で、その灯りが天に昇る竜のように下界から見えます。一方近年は、麓の北口本宮富士浅間神社からの富士講が辿った古道が人気で、途中には多くの石仏や神社跡などがあります。

五百年の歴史のある吉田の火祭

日本三大奇祭・吉田の火祭。山仕舞いの八月下旬、町中が大松明で火の海となります。

大松明《たいまつ》　富士に荒ぶり　夏果てる
大松明　崩れて富士の　山仕舞《しま》ひ
火祭の　焔《ほむら》の中に　秋の富士
火祭の　名残の富士の　闇深し

上下ともに／勇壮な吉田の火祭

夏の一定期間のみ霊山の聖域に入山を許す「山開き」と「山仕舞い」の行事は有名です。特に８月26、27日に行われる山仕舞いの北口本宮浅間神社と諏訪神社の祭典は、圧巻です。高さ３メートル、重さ200キロの80本余の大松明と、家ごとの小松明によって、富士吉田市の街は炎一色となります。大松明は20日間かけて各地で準備され、富士山型の神輿が街中をねり歩きます。白装束の信者集団の様々な行事も見ものです。

この祭りの歴史は古く、約500年前の『古事記』にも記載があり、富士の祭神である女神様が猛火の中で出産した故事によるものです。また富士山形の御山神輿は、400年の歴史を刻んでいます。

甲斐の誇り・その二
山梨は別世界・名峰が県境を城壁状に囲む

全国二〜三位の高山が居並ぶ「日本の屋根」

第一章　南アルプス連山・原始の森の多さ日本一

生物多様性の宝庫

北岳を主峰とする南アルプスには、
未来に残すべき動植物などの
多様な生態系が残されています。
その俗化されていない貴重な自然により、
二〇一四年六月十二日に
ユネスコエコパーク（生物圏保存地域）に
登録されました。

貴重な生態系が残り、人と自然の共生を残したい地域として、屋久島などと並び、「ユネスコエコパーク」の登録を受けました。その特徴は、高緯度まで森林で山が深く、植生が豊富で俗化されていないことです。

その「南アルプスエコパーク」の核心部である北岳、甲斐駒ヶ岳、鳳凰三山。地蔵岳、薬師岳などは山梨県側に、間ノ岳、仙丈ヶ岳、農鳥岳などは隣県との境にあります。

他では見られない特徴は、海底が隆起した3000メートル峰が連なる急峻さと森林の深さであり、また絶滅危惧種をはじめ未来に残すべき多様な動物・植物、資源の宝庫であることです。ユネスコはこれらの保存と、これを守る山麓地域の人々の活動の重要性に着目し、自然と人に関わる伝統的な生業、慣習や食文化、民族芸能などの保存も含めての登録になっています。

北岳・日本第二の高峰・南アルプスの盟主

北岳は、日本第二の高峰であり、
日本一の富士眺望の場所。
日本一長い天空の縦走路とお花畑が人気。

雲海に　富士と北岳　並び立つ
アルプスの　盟主吹雪に　動かざる
夏雲や　尾根行く人も　空の景
雲海に　架かる北岳　縦走路
滝雲の　尾根あふれ落つ　縦走路

北岳から間ノ岳への、日本一高所で長い大展望の縦走路

日本一美しい日本最高レベルの高峰が並ぶ白虎のような連峰。山中湖パノラマ台から見る南アルプス

北岳は『古今和歌集』など多くの記述に登場する、奥深く神秘の「雪白き峰」として紹介されている名山です。火山ではなく、海底隆起の山としては日本の最高峰です。広大な南アルプス連峰の盟主であり、第３位の高峰である間ノ岳と結ぶ縦走路は日本最長で、雲上の架け橋に例えられています。また3000メートル級の山が５座連なっており、まさに日本の屋根的な存在です。

更に富士山と向き合う山としても、高い人気を誇ります。富士山より遥かに古く、海底隆起の山であるため、頂上から出土する貝などの化石や、氷河期以来のキタダケソウを始め、その希少性を証明する北岳しかない高山植物が10種余があります。また、氷河期の生き残りであり絶滅寸前の雷鳥の貴重な生息域でもあり、南アルプスは天然水の水源としても有名です。

（１）北岩壁は、高難度の岩登りのメッカ

北岳頂上直下の東壁は、
日本最高所にある
六百メートル直登の
クライミングのメッカです。

雪壁の　ザイル引く空　岩つばめ
雲海に　ハーケンの音　吹き変はる
イワカガミ　捨て身に咲くや　バットレス
バットレス　懸垂登攀《けんすいとはん》　霧に消ゆ
岩つばめ　北壁の空　袈裟に斬る
岩壁に　真っ向ふ修羅の　西日かな
北岳の　北壁分ける　片時雨

最高難度の北岳のバットレス

北岳より夕富士を望む、斉藤幸雄氏提供

北岳の頂上直下には、切り立った岸壁を直登できるバットレスのコースが6つもあります。バットレスとは山頂を支える急峻な岩壁を言います。ここの難易度も１から３まであり、中でも一番の人気は第４尾根です。スリルのあるクライムは一般登山者からも見られます。ザイルやハーネスに身を預け、岩にハーケンを打ち込むハンマーの音は、四方の山と谷にこだまし、見ているだけでもスリルは満点です。

（2） 固有種も多い・高山植物の群落

南アルプスは花の宝箱。キタダケソウを始め、
世界中でここにしかない氷河期以来の固有種が多い。

北岳草　濡れて古代の　色清《すが》し
駒草の　一歩の先は　渓の空
風待ちて　雪解うながす　イワカガミ
妖精と　なりてカタクリ　森覚ます
岩床に　安堵の色や　北岳草
石に寝て　花と眠らん　登山道
幹うねる　雪の重さよ　七竈《ななかまど》

北岳の固有種
キタダケソウ

北岳では、絶滅危惧種で北岳にしかないキタダケソウ、キタダケトリカブトなどの他、有名な35種の高山植物が見られます。その多くが氷河期を生き抜いてきた固有種で、地球の歴史を研究する上でも貴重な存在です。

その北部に位置する仙丈ヶ岳、鳳凰三山、甲斐駒ヶ岳などにはクリンソウ、カモメラン、クモイコザクラ、タカネバラなどこの山にしかない固有種のお花畑が見られます。それは、北アルプスなどとは異なる地形地質などによる植生の環境があるからです。

（3）絶滅寸前の、希少な雷鳥の生息地

南アルプスなど限定された地域にのみ生息する雷鳥。
氷河期から生き続く貴重なものです。
山梨の高山がいかに良い自然状態であるかの証拠でもあります。

母雷鳥　思案の一歩　雛走る
雷鳥の　風のつぶてに　身をかがめ
鷹の空　雷鳥子らを　もてあます
雷鳥の　音なく遊ぶ　雪解道
雷鳥の　子を追ふ親の　行方かな

上／南・北アルプスなどにしか生息しない雷鳥。この30年間で約半数に減少し、約1700羽しか確認されていない絶滅危惧種です
下／冬の雷鳥の姿

雷鳥は、人を恐れないおとなしい「神聖なる神の鳥」と呼ばれています。また、「環境破壊の指標となる鳥」でもあります。その生息域は3000メートル級の高山に限られ、山梨の北岳、間ノ岳、農鳥岳、甲斐駒ヶ岳、仙丈ヶ岳の周辺に棲息しています。しかし、環境破壊に敏感なために絶滅寸前にあり、国の天然記念物に指定されています。主食はハイマツの実や高山植物で、夏は白黒茶の斑点、冬は白色（雪の保護色）に変わります。雷鳥が生息しているということは、山梨の高山がまだ他の高山に比べて俗化や開発が少なく、奥深い自然環境がある証左でもあります。

甲斐駒ヶ岳・勇美さはスイスのマッターホルンと並ぶ

南アルプスの「貴公子」と称される甲斐駒ケ岳、
独立峰にして高貴な山容。駒ヶ岳と称する全国二十の盟主です。
歌舞伎の見せ場「見得《みえ》」に似る。
その勇壮さは人々に勇気と感動を与えてくれます。

（1）　南アルプスの貴公子。「団十郎」と称賛される

甲斐駒《かいこま》ヶ岳の　嘶《いなな》き聳ゆ　秋の天
歌舞《かぶ》に似て　冬の甲斐駒ヶ岳　立ち上がる
晴れやかに　甲斐駒ヶ岳落とす　水張り田
雪の甲斐ヶ駒《こま》岳　大天井の　大伽藍
甲斐ケ駒を　仰ぐ大志や　今朝の秋
祓われて　空に拳《こぶし》や　甲斐駒ヶ岳凍てる
雲の座に　山来て座る　大暑かな
ひばり笛　甲斐駒ヶ岳を　鳴き登る

歌舞伎の見得のポーズに似た甲斐駒ヶ岳の勇壮さ

（2）日本三大急登の山・岩壁が連続

鉾立つや　岩場の険《けわ》し　秋の空
岩壁の　はるか足下に　滝しぶき
岩鼻に　総身を預け　冷気待つ
寒天の　月に吠えるや　駒の峰
吊橋の　冷気分け行く　登山口

黒戸尾根の刃渡り場。両サイドは深い谷です

百名山提唱者の深田久弥は、甲斐駒ヶ岳を、その勇壮さと花崗岩の白さが白馬に似ており、日本トップクラスの秀峰と讃えています。

甲斐駒ヶ岳は、三角錘状に天に聳え立つ、独立峰の日本百名山です。また日本三大急登の一つとして有名。その黒戸尾根は麓から一気に何と2200メートルの急登で、刃渡り状に切り断つ尾根の迫力は日本一です。その急登を天皇が皇太子の時代に登られ、山の勇者と話されました。この登山の際、著者の私も前泊されたホテルの責任者として関わらせていただきました。

また全国に20ある駒ヶ岳の最高峰であり、この山を源流とする尾白川の、大きな落差をもつ多くの滝と渓谷美は特異です。梯子などスリルのある遊歩道はハイキングでも人気で、また尾白川の花崗岩からの湧水は、名水百選の「白州の尾白川水」として国内外で大変有名です。

（3） 修験道の山・径沿いに宝剣、石仏、祠など

甲斐駒ヶ岳は、全国屈指の厳しい修験道場で、人を拒み続けて来た俗化されていない霊山です。古くは『古今集』に天皇の天馬奉納の記載があります。

炎天下　回峰僧の　岩走る
岩鼻に　座すや行者に　月の客
満月に　座して山伏　晒《さら》さるる
山伏の　凍てし岩根に　身を委ね
何待つと　なく秋暮るる　行者仏
法螺貝《ほらがい》の　渓の静寂《しじま》や　蝶の昼

甲斐駒ヶ岳頂上の、運や勝利などを呼ぶ摩利支天の剣など

頂上直下の烏帽子岩の２本の剣。修験のためのものです

その峻険さでは全国的に群を抜いて厳しく、縄文時代頃から「不踏の神の山」とされ、近世までごく限られた行者しか入れない神聖な山でした。徳川時代になり修験の山として開山され修行の厳しさは他を抜いていました。その「駒ヶ岳信仰」の中心は麓にある竹宇駒ヶ岳神社と頂上の奥宮です。その歴史は、頂上での摩利支天仏の遺跡や8合目の鳥居、尾根に点在する石仏、仏像を始め、麓の竹宇集落に残る多くの石碑などがこれを伝えています。

（４）　鋸岳・刃先状の岩峰の連続は、日本最難所の一つ

鋸状の岩峰が連続する登山の難所であり、
異形のスリル満点の鋸岳。

鋸《のこぎり》岳の　岩頭きりりと　夕焼ける
雲海を　抜けて巨岩の　競ひ立つ
岩登る　蟹の横這ひ　イワカガミ

甲斐駒ヶ岳から臨む鋸岳

甲斐駒ヶ岳から1.5キロにわたり延びる尾根が、鋸状の巨大な岩峰が連続する山です。日本二百名山の一つで、南アルプスで一番縦走の難しい難所中の難所です。穂高岳のジャンダルムに次ぐような、高度の技術を必要とする最上級の山です。そこからの水は、釜無川を経て、日本三大急流である富士川に至るその源流域でもあります。

鳳凰三山のどっしりとした存在感

鳳凰が飛翔する山容・鳳凰三山（薬師岳、観音岳、地蔵岳の総称）は、甲府盆地のシンボル的存在の山です。県内には鳳凰岳など仏の尊名を冠した山名の多さは全国一であり、山梨は山岳信仰の聖地といえます。地蔵岳、大菩薩峠、権現岳、御正体山、釈迦ヶ岳など五十は下らない多さです。

（1）甲府盆地に、屏風のように聳え立つ
鳳凰岳《ほうおう》は　甲斐平安の　雪かたち
雪解の　鳳凰岳三座　飛び立たん
秋日落ち　一気に迫る　山襖
秋日落ち　鳳凰三山　影絵ひく
桃の花　咲きて鳳凰岳　歌いだす
甲斐の道　行く手はどこも　雪の山
幾滝を　登り登りて　地蔵岳
冬の星　地には奈落の　街灯り

鳳凰三山。左より地蔵岳、観音岳、薬師岳

（2）地蔵岳のシンボル・
ピラミット型の巨石群

秋天へ　絶唱のごと　オベリスク
峰地蔵　狭霧にふはり　子を抱く
雲海に　立つや白刃の　地蔵岳
嶺で待つ　子授地蔵　深む秋
小仏の　居並ぶ尾根や　雪つぶて

地蔵岳頂上のオベリスク

オベリスク直下にある多くの子安地蔵

鳳凰三山は、甲府盆地の西側に位置し、巨大な襖のように聳え立つ、甲府盆地を優しく包み込む母親のような山です。南アルプス北東部に位置し、地蔵岳、観音岳、薬師岳の３山の総称です。その山名は鳳凰が大きく羽を広げた形からのもので、稜線に聳える３つの峰には仏像の名前がつき、古代より縁起を呼ぶ信仰の山として親しまれてきました。鳳凰山のシンボルは、地蔵岳の山頂で聳える高さ18メートルものオベリスク（巨大な岩柱）です。遠くから見ると鳳凰の嘴のように見えます。頂上には、安産祈願に背負ってきた子安地蔵が点在しています。日本百名山の一つで、アプローチや登り易さ、展望のよさ、変化に富んだ滝などから、女性登山者にも大変人気の山です。

３山を繋ぐなだらかな白砂の稜線からは、富士山やパッチワークのように見える甲府盆地が展望できます。頂上では高山植物の固有種ホウシャジンなど多くの花が楽しめ、高山の日本庭園と言われています。

仙丈ヶ岳・優美な山容が特徴

みやびな山容をもつ
南アルプスの女王・仙丈ヶ岳。
氷河期に削られた
巨大なカールには、
様々な色の高山植物が
群生しています。

女王なる
　気高き峰や
　　秋の風

仙丈《せんじょう》ヶ岳の　カール縁取る　お花畑
這ひ紅葉　カールは浄土の　ごと眩し
揚げ雲雀　仙丈ヶ岳を　はるかにす

氷河による仙丈ヶ岳の
巨大カール

女性に人気の山で、山容の優美さ穏やかさから、男性的な甲斐駒ヶ岳に対比して女性的な山として有名です。また、日本一の富士山と2位の北岳、3位の間ノ岳を揃って眺望できる貴重な山です。頂上直下の氷河で削られた広大な3つのカールは有名で、チシマギキョウの高山植物の大群落があり、また南アルプス一の紅葉の名所でもあります。少ない雷鳥の生息地でもあり、南アルプスの長大な尾根（バカ尾根）の最北端にあるため、変化に富んだ稜線歩きも楽しめます。

第二章　八ヶ岳と広大な裾野

八ヶ岳が最も美しく見える山梨側

八ヶ岳連峰を代表する峰々は、山梨側に聳えています。主峰である赤岳や権現岳などは兜状であり、富士山と向き合うように優美な景観をなしています。その裾野は広大であり、清里や小淵沢などの高原のリゾート地として、高原野菜の産地や多数の牧場などがあります。最近では移住地としても大人気です。

八ヶ嶺は　兜並びや　初日影
赤岳は　甲斐の勇者か　雪に立つ
富士は雄　八ヶ岳は壮なり　初明かり
一つずつ　醒めゆく八ヶ《やつ》岳の　雪解かな
八つ嶺の　肩組みあひて　冬に入る
駅毎に　主峰変はるや　雪解八ヶ岳

八ヶ岳の最高峰の赤岳頂上と富士山

向日葵《ひまわり》の　海なす先に　八つの峰
雪解八ヶ岳　組体操の　立ち上がる
雪晴れや　富士と競ゐる　八つの峰

裾野を左右にゆったりと引く優雅さ

多くの牧場・古くから朝廷献上の名馬の産地でした。

牧牛の　八ヶ岳《やつ》の傾《なだ》りや　秋の風
放牛の　尾が峰払ひ　キスゲ咲く
春駒の　寄り来るつぶら　つぶらの目
仔馬駆け　牧千年の　風の音

清里には、牧場、清泉寮、清里の森、別荘などが点在しています

八ヶ岳高原ラインの東沢大橋より赤岳を望む

日本一多い乗馬場・小淵沢

子馬ぼこぼこ　八ヶ《やつ》岳に真向かふ　夏野かな
手綱《たづな》引き　尾花の海を　駆け上がる
鞭入れて　雪解の八ヶ岳に　突進す
馬で行く　高さが楽し　ヤマツツジ

高原リゾート地の清里、大泉、小泉、小淵沢

山裾へ　続く限りの　花野かな
赤岳の　空よりこぼれ　シジミ蝶
ソフトクリーム　ひとなめ毎に　牛の来る
八つ峰に　うぶの優しさ　二輪草
湧水の　流れに沿ひて　秋桜
トンボ乗る　牛車の端の　補助車

清里高原の森と牧草地に囲まれた
清泉寮

コスモスが清里の秋を彩ります

牧草地の夏の風景。多くの観光客が憩います

日本百名山の中の名峰の一つです。特に山梨県側から見ると最高峰の赤岳2899メートルを挟み、横岳、阿弥陀岳、権現岳、編笠山が兜状に並び立ち、富士と並ぶ名峰と言えます。またその広大な裾野は遠く40キロ先の韮崎市まで伸びています。そこには清里、大泉、小淵沢など多くの高原観光地があり、広大な別荘地は首都圏に近いこともあり、移住者に大人気です。またこの裾野には、縄文時代を代表する大規模の居住遺跡が点在しています。一方この山は、20万年前には富士山より遥かに高く、何度もの山体崩壊で今の形になり、その痕跡が40キロ先まで伸びる七里岩（流れ山）であるとのことです。また神話には、「八ヶ岳は樋で水を流し富士山と高さを競い、負けた富士山に殴られて峰が八つになった。」とあります。

一方、ここには高原野菜畑や牧場、乗馬場、清泉寮、清里の森、萌木の村、美術館、スキー場など様々な観光拠点が点在しています。赤岳直下には、他の山では見られない樹林や高原の花が見られ、豊富な山の伏流水によって多くの滝もあります。

星降る清里高原

「清里清泉寮」は、
八ヶ岳山麓のモデル理想郷。
戦後の農村再建の拠点であり、
現在は観光の一大拠点です。

清里の　空を余さず　星降れり
歩くほど　星に近づく　虫時雨
名指しして　寒星一つずつ　起こす
満天の　星を枕に　村眠る

見上げれば満天の星

夜の八ヶ岳高原は星空の世界。
最近大変注目されています

清泉寮は、長閑な牧場の中に様々な自然体験の施設が点在するユートピアのような広大なエリアです。戦後、戦争で荒廃した農村を民主的な手法で再建し、自立するための教育実験農村施設が創られたのが始まりです。その先導者がアメリカ人牧師のポール・ラッシュでした。キープ協会を設立して荒野を開拓地し、奉仕、食糧確保、健康、信仰、若者の育成を理念に、酪農や体験型の農村教育実験施設を創りました。現在でもその理念が引き継がれ、環境保護や自然体験の拠点となっています。日本で唯一の絶滅寸前のヤマネを自然のまま保護する博物館などがあります。また、オルゴール館、レストランなど総合観光拠点の「萌木の村」も有名です。

第三章　秩父山系の山々と周辺の景観

金峰山《きんぷさん》は秩父山塊の主峰

金峰山は、秩父山地一帯を代表する高峰で、古代から金峰山信仰の聖地でした。
またこの一帯は山梨県特産である水晶を産し、水晶産業発祥の山です。

皇太子さまの金峰山登山の歌（歌会始）
雲間よりさしたる光に導びかれ
　　われ登りゆく金峰の峰

天高く　風を頂く　五丈岩
秋天を　突くや奇岩の　並び立つ
稲実る　盆地分け行く　川光り
水晶の　坑道隠す　蔦紅葉
石楠花《しゃくなげ》の　尾根の庭園　リス走る

「金峰山は百貫の貫禄を備える山の中の山である」、これは山岳の魅力を日本で最初に説いた登山家・木暮理太郎の言葉です。金峰山は、甲武信ヶ岳《こぶしがたけ》、奥千丈岳、瑞牆山が連なり、その周辺には蝋燭状の岩が林立する異形の中に一際高く聳える秀麗の山です。また、奈良の吉野と並ぶ山岳信仰の聖地でした。頂上には巨大な五丈岩（15メートル）が聳え、その周辺の水晶峠などからは水晶が産出され、宝飾産業山梨の発祥の地になっています。頂上の展望は、正面に富士山、南アルプス、八ヶ岳など360度の絶景ポイントにあり、また日本一長い信濃川（千曲川）の源流域にもなっています。

奇岩が林立する異景・瑞牆山

垂直に立つ岩峰群の異景の瑞牆山。
神々が降臨したような山容です。日帰り登山が可能で、
またクライミングの聖地です。

瑞牆《みずがき》山の　岩戸を開く　雪解かな
秋天に　鬼面のごとし　岩襖
競ひ立つ　瑞牆山の　清《さや》かなり
瑞牆山の　岩峰月に　晒しけり
瑞牆山の　岩を細らす　雪つぶて
神おはす　岩屋連なる　秋の天

クライミングの難所、
巨大なロウソク岩と
十一面岩

大小様々な、ロウソク岩、ヤスリ岩、十一面岩などの奇岩が林立し、中国の墨水画のような特異の山容が特徴です。20万年以上前からの浸食で形成されたもので、弘法岩の名前があるように岩窟に籠る修験道の聖地でした。また、クライミングや最近人気のボルダリングの聖地でもあります。中でも十一面岩や梵字を型どったような巨大岩はスリルがあります。秩父山系の西端にあり、シャクナゲの山でも有名で、麓には信玄の隠し湯のラジウム泉で有名な増富温泉郷があります。

独立峰の茅ヶ岳・広い裾野は野菜の産地

茅ヶ岳は、日本百名山の提唱者の深田久弥の終焉の地です。盆地と富士の展望台として、また広い裾野には、広大な向日葵畑や大根など野菜の産地として有名です。

台風過　けろりと茅《か》ヶ《や》岳の　立ち上がる
向日葵の　夕空残し　茅ヶ岳の峰
百山に　百の喜び　久弥の忌
春雷や　茅《か》ヶ《や》岳に抱かれ　村眠る
大根畑　広がる茅ヶ岳の　麓まで

麓には百名山の著者である深田久弥の記念碑があります。登山中に亡くなった終焉の地です

茅ヶ岳は、日本百名山の著者である深田久弥が1971年3月21日、登山中に急死した山です。富士と南アルプスの眺望に酔いながら亡くなり、その麓には記念碑があります。毎年4月には久弥祭が行われています。記念碑には、久弥の言葉「百の頂きに百の喜びがある」が刻まれています。

甲府盆地に突き出て聳える茅ヶ岳は、山容が八ヶ岳に似ていることから「似せ八つ」とも言われています。広大な麓には、大規模な向日葵畑や特産の「明野大根」の畑が広がり、この一帯は日照時間の長さでは日本一を誇り、植物工場などの立地も増えています。

大菩薩峠・古くからの交易の拠点

百名山の
大菩薩峠（嶺）は、
富士山を終始
眺望しながら登れる
人気の山。
小説『大菩薩峠』の
舞台など、歴史ロマンの
ある山です。

江戸追はれ　峠越へ来し　アキアカネ
裏街道　急ぐ峠や　雁の空
落人の　峠に安堵や　木の実降る
どの木にも　苔の花つく　峠越え

大菩薩峠の富士山展望は、紙幣のそれとほぼ同じです

この峠周辺には苔蒸した原生林が広がり、首都圏の水源地である多摩川の源流域です。この峠は訳あり人が通る甲州街道の裏道で最大の難所であり、江戸と甲州の物流の交換場所でもありました。峠を舞台にした中里介山の長編時代小説『大菩薩峠』でも有名です。江戸から逃れた浪人武士の波乱の生涯を描いたもので、30年かけて41巻を執筆した未完の小説です。長編大衆小説として世界的に有名です。

峠からは富士山が正面に、また南アルプス、秩父山地が望めます。首都圏からのアクセスが良く、ハイキングのコースでも人気です。

難攻不落の岩殿山（城）

東日本屈指の絶壁で難攻不落の岩殿山（城）。
富士山展望の特等席です。

攻め倦《あぐ》む　岩城囲む　蔦紅葉
郭公の　こだま呼び交ふ　岩殿山
谷深く　散りゆく紅葉　稚児落とし
霧祓ふ　霧去る城の　山襖

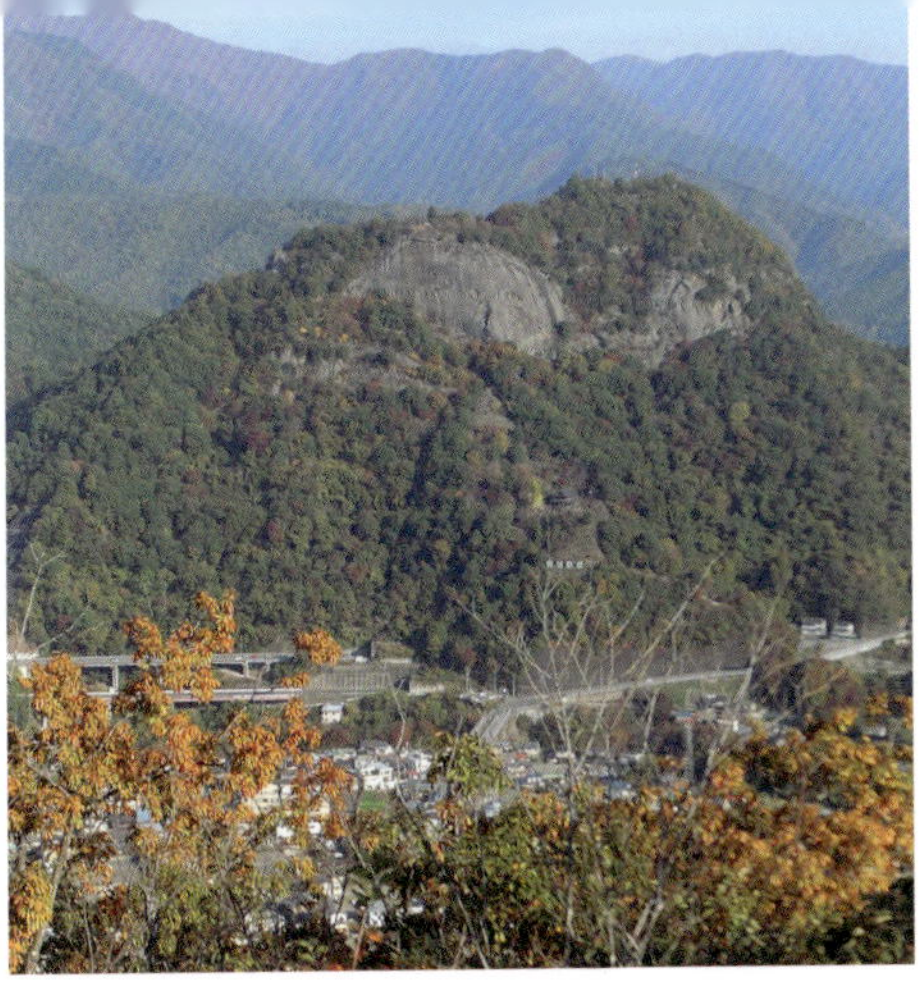

巨大な岩肌と存在感のある岩殿山（岩殿城）

岩殿山頂上からの富士の展望は最高です

150メートルもの鏡岩が一気麓の桂川から立ち上がる一枚岩のような山です。武田氏の隣国であった北条、今川氏の国境防衛の山城でもあり、徳川時代は幕府の西側防衛の城でした。東京から中央道や中央線で行くと圧倒する奇岩が飛び込んできます。「稚児落とし」の絶壁はスリル満点です。また頂上は富士山展望の特等席とも言われ、スカイツリーと同じ634メートルの高さがあり、ハイキングでも人気の山です。

武田勝頼が織田・徳川軍に追われ、再起を目指したのがこの城でした。また岩殿山の周辺には桃太郎伝説に関わる地名があり、「百蔵山《ももくらやま》」から桃が「桂川」を流れ、「鶴島」で拾われた桃はお爺さんとお婆さんの元で桃太郎が生まれ、その後鬼退治に「犬目」では犬を、「鳥沢」ではキジを、「猿橋」ではサルを従え、岩殿山の「鬼の岩屋」で鬼退治をするのです。

鶏冠山《けいかんざん》・鶏冠状の岩峰の連続

鶏冠山は、鶏の鶏冠のような岩峰を連ねる奇怪な隠れ名山です。急な登はんが連続し、スリルのある熟達者向きの山です。

梅雨雲を
抜け鶏冠の
峰の数

鶏冠《けいかん》山の
足下に深き
渓紅葉《たにもみじ》

渓深く
我も落ちゆく
落葉かな

西沢渓谷から鶏冠状の頂上を望む

秩父多摩甲斐国立公園を代表する渓谷である西沢と東沢渓谷を足下にもつ山です。頂上付近に鶏のトサカのような岩峰が連なり、深い渓谷から一気に頂上に立てる達成度の高い山です。東京に近く、スリルのある登頂体験ができる山として人気です。

東京都心に一番近いハイキングの山々

富士山を間近に展望できる三十以上の山が点在し、四季折々の変化も楽しめる、富士展望ゴールデン登山コースが人気です。

天皇陛下が皇太子の時代に御正体山などを登っていらっしゃいます。

ビルの街　抜けて清《すが》しき　花の山
滝音に　鳥のさへづり　重ね来る
峰毎に　見ゆる雪解の　富士変化《へんげ》
山彦に　笑みて応へる　雪解富士
炭焼の　小屋がらんどう　秋の山
リスが埋めし　木の実芽吹くや　ブナの森
鎖場の　足場探れば　春の音

大月市の百蔵山山頂からの富士

中央線で新宿から１時間前後で気軽にハイキングが楽しめる山がこれほど多いのも珍しいことです。特に秀麗富嶽十二景として富士を南側に望む御正体山、倉岳山、高畑山、杓子山を始め、百蔵山、扇山、高柄山、九鬼山、乾徳山など約30の山が点在しています .

いずれの山も富士山をいろいろな角度で展望できる魅力があります。滝もあり、ブナ、ナラなどの広い原生林は森林百選にも選定されています。平成16年に当時の皇太子殿下も御正体山に登山され、地元ではその道を「クインロード」と呼んでいます。

甲斐の誇り・その三
深い緑・良質な水日本一の山梨

第一章　「県土全体が生命体」・生物多様性の宝庫

原始林など森林が守られてきた、山梨の特殊性

山梨の原生林の多さは全国トップクラスです。山梨特有の地形、地勢、気候によって高い標高まで森林限界線であり、奥深い原生林が多いです。それが「緑のダム」となり、日本一の天然水の生産量を誇る基になっています。

夏旺《さか》ん　甲斐は木の国　水の国
甲斐に生き　それだけでいい　若葉風
斧入らぬ　恩賜の森の　ぶな若葉
万緑の　風に溺るる　甲斐の村
ナナカマド　空の碧さを　支へけり

水揚げる　春の兆しや　ぶなの森
水の湧く　楽土は甲斐や　今朝の秋

甲斐駒ヶ岳の麓の森

注目すべきことは、開発されていない森林の広さが全国トップクラスであることです。それは県が保有し管理する県有林が、なんと県土の3分の1、県内森林面積の46%を占め、更にそのほとんどが山の奥地であるからです。これは良質の水や自然環境にとって極めて重要なことです。この森林は「恩賜林」と言われ、明治天皇より当時大水害の山梨の復興のために下賜されたもので、その管理運営をする林政部という専門の部所が県庁にあるのも山梨の特徴です。

また、自然環境の指標樹木とも言われるブナなど広葉樹が、東京や神奈川に隣接する小菅、丹波、道志、富士山、秩父周辺などの山脈に原生林として連なり、首都圏への貴重な水や酸素、保養地、緑の自然のダムとなっています。

また北アルプスと異なり南アルプスは森林限界が高いため、原生林が豊富であり、しかも開発や山の俗化が抑えられてきたのも幸いでした。そこではドングリなどの木の実を食用とするリスやクマ、オコジョなどの動物が、また落葉を餌にする細菌や昆虫も多く生息しています。更にはそれを栄養にするヤマメなどの川魚の多さです。こうした森は生命循環の貴重なエリアです。更に富士山の世界遺産登録や南アルプスと金峰山を含む秩父山系のユネスコエコパークの認定は、生体系保存地域として守るべき世界の宝であることを証明しています。

山梨の森林の奥深さは全国屈指

苔むす幻想的な原始の森は、
世界遺産であり次世代に
残すべき貴重な宝です。
あらゆる生き物を
支える生命の母なる存在です。

手付かずの　新樹の山の　鎮もれり
青苔や　大河の一滴　生み落とす
霧流れ　全山苔の　海となる
落ちし実に　芽吹き促す　苔雫
走り根や　原始の森の　楠若葉
たっぷりと　朝露抱き　苔の森
ルーペ手に　原始の苔の　花探す

南アルプスの苔むす原生林

富士山や南アルプス、秩父山系などの高山を始め県内の無数の山々。そこは昼も暗い原生の広大な森があります。その要因は、山梨の森は森林植生の限界が高いこと、また標高の高いほとんどの山が県有林のために開発が規制されてきたことです。そこには苔の海が広がり山の保水力を高め、森林を養い、その保水力によって貴重な水源林にもなっています。またあらゆる生命体の維持に必須な酵素やバクテリアなどの微生物、また動物、昆虫などの宝庫です。そうした森林が絵画のような新緑と紅葉を見せるのは、自然の恵みの豊かさを示す証拠とも言えます。

生物多様性の象徴・小動物達・先進的な保護活動が特徴

山梨の森は、その豊かさを象徴するヤマネなど小動物の宝庫です。またその先進的な保護も、清里や都留地域などで行われています。全国的に例の少ない県立鳥獣センターもあります。

(1) 森の妖精ヤマネ(ニホンヤマネ)・天然記念物

橡《とち》の実に　走るヤマネや　母の森
木の芽風　ヤマネひらりと、枝渡る

(2) 曲芸師のムササビ

月掠《かす》め　飛ぶやムササビ　枝の上
ムササビの　忍者のごとく　滑空す
ムササビの　光る目が舞ふ　新樹の闇

愛らしい森の曲芸師、ムササビ

（3）愛嬌一番のオコジョ

秋の風　おこじょの澄し　眼に出会ふ

ガレ尾根に　おこじょ遊ぶや　登山径

（4）働きもののリス

目丸く　木の実ほおばる　リスの頬

裸木を　女体のリスの　早登り

工場の　新樹の窓に　リスの貌

（5）森の哲学者フクロウ

フクロフの　瞼つむりゐて　秋深む

ふくろふの　声膨らみて　夏近し

フクロフの　声に深まる　新樹谷

リスの好む広葉樹林は、水や多様な生物を育む揺り籠です

人なつこい、オコジョ

（6）アクロバット飛行の岩ツバメ

行き来する　渓の深さよ　岩燕

岩壁の　空を切りゆく　岩つばめ

（7）清流の宝石、カワセミ

笛吹川《ふえふき》の　カワセミ荒瀬　擦りて飛ぶ

カワセミの　一撃魚は　ちりぢりに

（8）里山の希少の鳥たち

オノマトペ　ようなさへづり　芽木の空

芽起こしの　風に声研ぐ　ルリビタキ

筒鳥の　遠く近くに　甲斐の春

春鳥の　会話かピピツ　ツツピ鳴く

深い渓の絶壁などを住み家としている
岩ツバメ

「森の哲学者」と愛称で呼ばれるフクロウは、夜行性です。様々な小動物を餌としていることから、生物多用性の指標動物の一つとなっています

宝石のように美しいカワセミ

ホホジロの　一声ごとの　落花かな

山鳥の　声降る森の　涼しさよ

雉《きぎす》鳴く　夜の静寂《しじま》を　蹴《け》散らしぬ

右上から時計回りにホオジロ、ツツドリ、キジ、ルリビタキ

県内に棲むニホンヤマネは太古からの生きた化石と言われ、極めて希少性が高く、国の天然記念物です。ネズミほどの体長で樹上に棲み、枝を移動し、夜行性です。北杜市清里キープ協会の「ヤマネミュージアム」は日本唯一の施設ですが、道路がヤマネの移動を妨げるため、道路上にヤマネ専用通路の「ヤマネブリッジ」も作られています。

また、ムササビも希少保護動物です。完全な樹上生活者で、飛翔膜で滑空し、夜行性です。都留市内の複数の神社でよく見られます。「都留いきものふれあいの里」では、ムササビの住み家となる木の洞を各地に設置したり、夜の観察会などを行っています。

野生動物の保護育成や啓蒙を行う施設が多いことが、山梨の特徴といえます。上記以外にも、県立鳥獣センターや南アルプス邑野鳥公園、武田の杜などの施設があります。

オコジョ、フクロウ、リスなども絶滅危惧の小動物であり、イワツバメ、セキレイ、ミソサザイ、コゲラなども貴重です。

「国蝶」オオムラサキの貴重な生息地・北杜市

日本の蝶を代表する蝶「オオムラサキ」。
野外での観察が出来る限られた豊かな森林のある北杜市長坂町。
高貴で格調高い紫色は「国蝶」と呼ばれています。

国蝶の　羽紋に余る　紀《き》の衣《ころも》

国蝶の　舞の雅《みやび》や　夏空へ

瑠璃色の　高貴な衣　露の蝶

オオムラサキの雄の雅な色彩

　この蝶は主にクヌギ、ナラなど雑木林と農地が混在する里山に生息し、自然環境の指標となる希少昆虫です。その生態は蝶類一般と異なり、食物は花粉ではなく甲虫と同じ樹液です。また、スズメバチやヒアリを捕食する獰猛もあります。自然豊かな長坂町は日本で数少ない生息地で、公営のオオムラサキセンターもあります。そこでは里山の復活や保存と育成、研究などが行われ、また野外観察や体験学習施設として一般にも開放されています。

第二章 「天に選ばれし名水の地・山梨」その水こそ世界の宝

二十五年全国トップの良質な水の生産県

山梨のミネラルウォーターの生産量は国内で二十五年連続トップ、
国内シェア約四～五割も占めています。
また水質の高いブランド水として高い評価を得ています。
世界的に良質飲料水不足の中で、
山梨の水は「世界の宝」となりつつあります。

甲斐ヶ嶺の　ふところ深き　水の秋
行く秋や　甲斐はいづこも　水の音
山峡は　青葉若葉の　水の国
幾筋の　真水と出会ふ　甲斐の秋
山峡や　湧く億年の　水澄めり
甲斐が嶺の　千の渓より　岩清水

甲州市内の笛吹川源流域

北杜市清里の川俣渓谷の吐竜の滝。この滝は八ヶ岳の伏流水が直接噴きだしています

幾筋の
渓に幾多の
滝の音
岩清水
その一粒の
いのちかな

今や世界は、地球温暖化や後進国の急激な森林開発と森林火災、また急激な人口増加などにより、砂漠化や渇水地域が急拡大しており、飲料水不足は日ごとに深刻さを増しています。一方、健康志向による良質の水需要は急上昇しております。そうした中で山梨の水の重要性は増々高まっています（飲料可能な水は、全世界の水の0.01%の極少さです）。

山梨の水の特徴は、健康に良い軟水で、ミネラルイオンを多く含む花崗岩、玄武岩、安山岩の土質が多いことです。また、県土の78%という森林の多さと、森林限界の高さによる深い森林がもたらす土壌微生物や有機物による微量成分の豊富さです。更に富士山、南アルプス、秩父山系などの高山から何十年もかけて出る湧水の埋蔵量の多さです。それは日本ミネラルウォーター協会や専門機関が、全国を隈なく調査しての結果です。そうした最高品質の水を山梨県民は毎日享受しているのです。県内市町村の水道の水源のほとんどは地下水であり、これは大変珍しいことです。またこの水質は、精密加工等産業の立地としても重要です。こうした水は、信濃川や多摩川、相模川などを通り、首都圏へも供給されています。

健康長寿県日本一もミネラル水のおかげ

植物や動物、また人体の約六～七割が
水分で占められています。
その生命体の維持や健康にとって
良質の水は極めて重要です。
その良質の水が山梨には全国一多く、
また世界的にも貴重な地域となっています。

甲斐の水　胃の腑におちる　大暑かな
岩清水　身の透きとほる　音の中
喉鳴らす　例へば甲斐の　秋の水
甲斐に生き　山を背負ひて　水の秋
百年の　磨きみがかれ　岩清水
山深く　苔むす渓の　水甘し
源流の　冷気はじける　ソーダ水
炎天下　滴る山の　水光る

良質の水を山梨県民は贅沢にも蛇口から日常自由に飲み、またその水を含む土壌で育った農産物を食べています。その恩恵は、山梨が長寿県であることにも大きく関係していると思われます。

その水の特徴は、軟水であり、ミネラルの種類と量の多さです。我々哺乳類はミネラル豊富な海水の中で生まれ、進化してきました。胎児が生まれ育つ子宮の羊水も、その海水に類似しています。このようなミネラル豊富な山梨の水を摂取することは、生命維持や身体の代謝、機能調整、筋肉、骨、血液、神経、抗体、心身バランスなどにとって極めて重要です。

南アルプス天然水を生み出す・尾白川

南アルプス山麓は、日本一の天然水生産量を誇る名水の宝庫です。富士山の水と並び二大湧水地です。

千変の　滝の連なる　尾白川
澄むために　揺らぐ魚影の　涼しさよ
岩たばこ　濡らす五の滝　六の滝
龍神《りゅうじん》滝の　段なし谿《たに》へ　打ち込めり
膝ついて　涌井の砂紋　掬ひけり
滾《たぎ》つ瀬に　冷やす葡萄や　魚の影

甲斐駒ヶ岳麓の尾白川渓谷。無数の滝が連続しています

「日本の屋根」と言われる南アルプスは、花崗岩の地下のマグマが百万年かけて3000メートルの山に隆起したものです。その森林が貯めた水は、花崗岩の地層がろ過し、長い年月をへて地下水となり湧き出します。更に深い森林が持つ多様なミネラルも溶け合い、上質な飲料水となります。甲斐駒ヶ岳や鳳凰三山などを源流とする清流の尾白川は、日本を代表する天然水の宝庫です。この川は明治神宮の神殿に納めている白砂でも有名です。また無数の滝を持つ渓谷美を形成しています。そこには水に関係したウイスキーやジュース、飲料水などの大手・中小の企業の工場が多く立地しています。

首都へ命の水を供給・多摩川の源流「水干《みずひ》」

首都潤る　蒼々として　甲斐の水
首都の夏　川みな甲斐へ　さかのぼる
街人の　いのちの水や　渓若葉
ビルの蛇口　ひねれば甲斐の　山清水
生み落とす　露の一滴　多摩《たま》川の水
涼やかに　コーヒー甘し　甲斐の風
白砂の　荒瀬が磨く　秋の水
源流の　刻止まりゐる　花雫
山国の　谷の深さや　河鹿笛

相模川の源流、桂川・葛《かず》野川・道志川

山梨を水源とする水は、首都圏などの重要な命の水です。その特徴はミネラル豊富で美味しいことです。横浜水道局では腐敗しない特別な水とし、高値で外国船などに供給しています。

多摩川の源流である旧塩山市笠取山山頂直下。その最初の一滴を示す「水干」の標識

丹波川の渓流。多摩川の名前は源流の丹波川の地名『タマ』霊魂）に由来していると言われます

湧き出でて　村を離るる　春の水
村々は　川より明けり　今朝の秋
蹴りたてて　光切り行く　鮎の群
道志川　遡上山女魚の　影躍る
魚掬ふ　手足涼しき　葛野川
川音を　包みこんだる　新樹山
人待ちて　秋の道志の　水こんこん

道志川の清流

「腐らない美味しい水」。これは、横浜市水道局が道志川の水を、赤道を通過する大型船に水を供給する時の説明の言葉です。道志の水は、このように別格扱いをされています。

山梨を水源とする川としては、甲州市塩山の笠取山を源流とする多摩川は、「水干《みずひ》」の一滴から青梅市、多摩丘陵、玉川上水、水道橋などを経て、東京都心や神奈川県東部一帯に飲料水として供給しています。これは徳川幕府が行った世界初の大規模な江戸の水道管網が最初です。

また忍野村の忍野八海を源流とする相模川は、大月市で数野川と合流し、横浜など神奈川県西部一帯の都市に供給しています。道志村の山伏峠を源流とする道志川は、横浜市の主要な水源となっています。更に南アルプスと秩父山系を水源とする富士川は、静岡県中部一帯に供給し、富士市沿岸での桜エビの生育にも貢献しています。また、日本一長い川で有名な信濃川の源流は、山梨の金峰山一帯です。

第三章　水の国山梨ならではの変化に富んだ渓谷美

滝の芸術美・西沢、東沢渓谷

日本トップクラスの名瀑で、
息をのむ美しい滝が連なる、
西沢、東沢渓谷。
首都圏の別天地とも
言われています。

段なして　瑠璃の激しき　滝壺は
七つ釜　五段の滝や　涼気過ぐ
五つ滝　段なす淵へ　打ち込めり
一つ落ち　澄みてまた落つ　滝壺は
なめり滝　渡渉重ねて　沢詰める

滝壺の美では
日本一。西沢
渓谷「七ツ釜
五段の滝」

この渓は、秩父多摩甲斐国立公園で屈指の渓谷美を誇り、日本の滝百選でトップクラスの名瀑です。特に西沢渓谷の「七つ釜五段の滝」の美しさは別格です。それに竜神、恋糸の滝など多くの滝が連なっています。また隣接する東沢渓谷や岩肌を撫る「滑《なめ》り滝」等は渓の深さと厳しさで有名で、沢登り、岩登りのメッカとして有名です。これらいくつかの渓は森林浴の聖地とも言われ、平成の名水百選の川、水源の森百選にも選ばれています。また首都圏に近いことから、気軽な観光やハイキングの場としても人気があります。

奇岩、奇石群の渓谷美・昇仙峡

奇岩峰群が並び立ち川石の芸術などが特徴の「昇仙峡」。渓谷に聳える巨大な岩峰は水墨画の景です。日本遺産に認定されています。

沸騰す　滝壺瑠璃の　光りあふ
岩を裂き　一揆の地鳴り　仙娥滝
涼しさを　絵にうつしけり　滝壺は
大岩峰　絞り上げたる　紅葉かな
白砂に　魚影走るや　水の秋

落差30メートルの仙娥滝

御岳《みたけ》昇仙峡は、全国観光地百選の渓谷部門で１位、また平成の百景では全国２位と人気の観光地です。その中でシンボル的な存在は、高さ180メートルの巨岩峰「覚円峰《かくえんほう》」と落差30メートルの「仙娥滝」です。渓谷沿いの遊歩道からは、連続する巨岩や川の中に点在するラクダ石、兜石、フグ石など30余の奇石も鑑賞できます。全国屈指の紅葉の名勝地であり、ハイキングの地としても人気があります。

また水晶発掘の水晶峠などの山や、金峰山信仰の多くの遺構や古道、石仏、能楽など有形無形の保存活用すべき日本の遺産として、令和２年に認定されました。

連続する吊橋と滝・大柳川峡谷

変化に富んだ大柳川《やながわ》渓谷、スリルのある吊橋が幾重にも立体的に架かるのが他にない特徴で、変化に富む滝と渓谷の探索が魅力です。

揺れて足　すくむ吊橋　山笑ふ
段をなす　空の吊橋　涼気過ぐ
噴き上がる　滝の冷気の　橋渡る
涼やかに　風と吊橋　渡りけり

日本三大急流の富士川と鰍沢河岸《かし》

富士川は日本三大急流の一つで、その激流を葛飾北斎が浮世絵に描いています。これは北斎の世界的名画の神奈川沖浪裏と並ぶ激波の構図として有名です。

中央線開通以前は、富士川は甲府盆地一帯の物流の中心を担う舟輸送路でもありました。

南アルプスの裾にあるこの渓谷には、くの字型をした10本ものスリル満点の吊橋が連続してあります。その眼下には竜門の滝、かわせみの滝、観音滝など変化に富んだ滝が連続していて、渓谷美を堪能できます。

また渓谷の岩をそのまま湯壺にした温泉もあり、紅葉や新緑、夏の避暑地など家族で楽しめる別世界の渓谷です。

急流に　荷船危うき　梅雨の川
河岸《かし》騒《さい》や　舟に積み込む　今年米
蹴りたてて　ゆく富士川の　鮎の群
富士川の　支流集めて　鮎のぼる
富士川の　禹《う》の瀬を分ける　雪解水

葛飾北斎の「甲州石班澤」。現在の富士川町内の禹《う》之《の》瀬《せ》付近と思われます。東京富士美術館提供

富士川の激流と富士山

この富士川は、南アルプスや秩父山塊を源流とし、甲府盆地から一気に駿河湾に注ぐ急流の川です。その急流の状況は、葛飾北斎の『富嶽三十六景』の「甲州石班澤《こうしゅうかじかざわ》」で広く知られています。また、岩を裂く激流を克服しての「舟運《しゅううん》」として栄えた、異色な川でもあります。江戸初期以前の輸送手段は山越えの人と馬でしたが、この船輸送によって、米など大量の輸送が可能になりました。その拠点が現在の富士川町にある「鰍沢河岸」です。しかし急流の難所を竿一本で操る船頭は、生死をかけた危険なものでした。その後鉄道の中央線と身延線が開通してその役割は終えましたが、山梨の輸送手段の根幹を担った重要な川として歴史に残っています。

秩父山系を代表する笛吹川の渓谷美

笛吹川は、悲しい民話から生まれた名称です。
この川は桃やぶどうの一大産地を支える水源でもあり、
鵜飼の川としても有名です。

魚影濃き　瀬音涼しく　ハミングす
川音に　暮れて秋風　三軒家
カワセミの　一撃淵の　瑠璃しぶき
素手素足　けがれ祓ふや　秋の水
風立ちて　瀬石をなぜる　ブナ若葉

笛吹川の名前の由来となった、
笛吹権三郎の像

多くの美しい滝がある笛吹
川源流、なめり三段の滝

響きのよい名前「笛吹川」は、大水で行方不明の母を何年も笛を吹きながら捜し続けた、笛吹権三郎の愛に満ちた民話が由来です。それに相応しい川瀬の音は涼やかで、また変化に富んだ渓谷美は特別です。甲武信岳など秩父山塊から流れる川で、上流には西沢、東沢の渓谷などがあります。その渓谷美は、登山家で作家の田部重治の『笛吹川を遡る』の中でも表現され、教科書にも載っています。下流部には、ぶどうの産地である勝沼や、鵜飼発祥の名勝地・石和温泉もあります。

第四章　山梨は水力発電の最適地・新時代の自然エネルギー

水の国・山梨の利点を活かした
水力発電所の数は、県土面積当たり
全国一位を誇っています。最近では
山間地の発電所の他に県内に網の目の
ようにある平地の水路を利用した
小規模発電所の設置も進んでいます。

発電の　水車涼しく　水こぼす
春の川　水車は一語　一語して
春光を　汲みては散らす　水車《みずぐるま》
山里に　水車の響き　合歓の花

山梨は、南アルプスを始め、数多い高山の県です。その山岳の利点を生かし、明治以来東京の近代化を支える電力供給先として、大月市内の駒橋発電所など全国に先駆けた水力発電所が建設されてきました。また、全国に先駆け昭和32年から県直営の水力発電所の事業が興され、現在は26の県営発電所が稼働しています。

しかし昭和後期頃から水力発電の割合は減少し、現在は総電力量の１割までになっています。しかし環境負荷が少ない発電として、再び関心が高まり、特に山梨は山水豊富であることから無数の大小河川や水路があり、これを生かした小水力発電所の建設も進んでいます。全国に先駆けて設置された都留市の家中川の発電所は市役所に電力供給をしており、また北杜市内の村山六ケ村の用水堰を利用した水力発電所など、県内に13ヶ所が設置されています。そこで、傾斜地が多く、農業用などの水路が無数にある山梨の利点を生かし、高性能化している軽量発電機を使って、小規模発電の先進地を目指すこと、それを願っています。

第五章　「徳島堰」大規模水路の建設で、果樹産地が実現

難航工事の末に完成した
徳島堰。これにより、
全国一の桃の産地が
実現しました。
また新田開発に併せ、
用水路が県内に
次々に造られました。

月に灼く　畑に生気の　堰の水
堰落ちる　水白々と　桃の花
奔り出て　着果を誘ふ　堰の水
発電の　水車軋むや　落とし水
トンボ乗せ　草の奔《はし》るや　堰の水

水路の開設が全国一の桃の産地を可能にしました

江戸期当初より新田開発として、県内三大堰と言われる徳島、楯無、朝穂が造られました。当時、甲府盆地の西部釜無川右岸の広大な高地は水不足で、「お月夜でも灼ける」といわれるほどの常習旱魃地でした。ここに延長17キロの関東有数の規模の徳島堰が開設されました。これにより南アルプス市が桃、スモモ生産量日本一が実現したのです。この工事は、江戸初期に5年の歳月をかけて行われました。水路は釜無川上流部で取水し、等高線状に幅5.4メートルのものでした。その途中は岩盤地帯が多く、また大きな御勅使川など多くの河川を通過するには、水路をサイホン状に埋樋を作る必要があり、難工事でした。これを請け負った徳島兵左衛門の名前をつけ「徳島堰」と呼ばれています。

一方、昭和46年完成の延べ200キロの笛吹川沿岸のかんがい施設は、日本一の峡東地域果樹産地の発展に貢献しています。

甲斐の誇り・その四
贅沢な山梨県民・名峰を仰ぎつつ暮らす

第一章　花は山国を別世界に演出する

息をのむ桃源郷の世界・甲府盆地

甲府盆地は、春ピンクの桃の花の海と化します。それを囲むように聳える白嶺とのコントラストは息をのむ桃源郷の世界です。

白嶺を　そそり立たせる　桃の花
眩《くら》むほど　盆地は桃の　花盛り
桃源の　盆地切り行く　リニアかな
ももの花　満ちて　盆地の　浄土かな
アルプスの　雪解うながす　桃の花

甲府盆地一面が桃の花で華やぎます

どの村も　女盛りや　桃の花
ももの咲く　真っただ中へ　帰郷する
一斉に　開く電車や　桃の花
花の昼　突とリニアの　過る音

桃の花のトンネル
の先に集落が

桃の花で一色になった甲府盆地

全国一の桃の産地である山梨、桃の開花と共にし、甲府盆地全体がピンクの絨毯を敷き詰めたような別世界となります。点在する集落が桃花の中に埋没します。またそれを浮き立たせるように、3000メートル級の残雪の南アルプスの稜線が囲みます。その色彩の対比は絶妙で桃源郷の世界をグレードアップします。

更に桃のピンクに対して白色のスモモの花や黄色の菜の花も一斉に開花し、また桜の花も加わり、甲府盆地は百花繚乱の世界になります。

明野の広大なひまわり畑

六百万本の
広大な向日葵畑。
日本一日照時間の
長い北杜市明野に
相応しい景色です。

向日葵の
海なす先に
八ヶ《やつ》岳の嶺

向日葵は海　八つ嶺は　旅するヨット
向日葵の　咲きて甲斐駒《かいこま》ヶ岳　競い立つ
向日葵の　咲きて盆地は　ゴッホの空

広大な向日葵畑の先に聳える峰は、向日葵の海に浮かぶ大型船のようにみえます

茅ヶ岳裾野の広大な地は、肥沃の上に日照時間が日本一長く、明野の大根の産地としても有名です。

近年太陽に恵まれた環境を活かした野菜工場などの立地が増えています。

向日葵は7月下旬から8月下旬が最盛期で、巨大迷路と映画のロケ地としても有名です。また周辺にある優美な甲斐駒ヶ岳や八ヶ岳がまるで向日葵の海に浮かぶ巨大な船のように見えます。その一角には、花の遊園地である「ハイジの村」もあります。

名山に映える桜の情景

日本最古で最大の実相寺の桜など、県内に桜の名木、名勝地が多いのも魅力の一つです。

桜満ち　古木は神の　主となれり
糸桜　くぐりて浄土　近くせり
ほつほつと　狼煙《のろし》のごとき　山桜
大滝と　なりてしだるる　寺桜
幾世生き　幹はくねりて　初桜
甲斐訪へば　はんなり乙女の　山桜

日本最古の実相寺の桜

日蓮上人と歴史を共にしてきた久遠寺の枝垂れ桜

北杜市武川の実相寺の桜は日本最古で樹齢2000年の日本三大桜の一つで、日本第１号の天然記念物です。その他、身延山久遠寺の400年の枝垂れ桜を始め、多くの伽藍を埋める巨大桜群は圧巻です。

甲州市塩山の樹齢300年の慈雲寺の巨大な枝垂れ桜。富士川町の2000本の大法師公園の山一面の桜。北杜市の800メートル余の並木の桜、富士講と流鏑馬で有名な富士河口湖の富士御室浅間神社の桜、甲府市の小瀬スポーツ公園の550本の桜など、県内の桜の名所は50カ所以上あります。

第二章　贅沢な山梨県民・日々名峰を仰ぎつつ暮らす

自然と一体化した山梨特有の風景

県民にとって身近な山は心の支えです。東洋のスイスと言われる山岳景観。県民は多くの名峰に抱かれつつ多くの恵みを受けて暮らしています。山梨はまさに別天地なのです。

どんと夏　甲斐の山々　競ひあふ
箱庭に　甲斐駒《かいこま》ヶ岳置きて　夏座敷
甲斐路行く　いずこも雪の　山襖
森羅万象　たをやかに　彼岸くる
秋の山　高すぎて　バス遠く過ぐ
ふるさとや　かなしきまでに　紅葉山

甲府盆地より日本で第２位と３位の高峰、南アルプスを臨む

千山に　千の顔あり　甲斐の春
甲斐萌ゆる　山はうるうる　盛り上がる
神々の　峰研ぎ澄ます　お元日
峰々は　我を誇りて　年明け

アルプスに道路が突き当たる風景は、県内各地で見られます

名峰が波の如く連なる
山梨の連山

山国である山梨県は、アルプスの国スイスに似た景観です。県境に城壁を廻らしたように聳える高山が、甲府盆地を始め県内の大小様々な盆地を囲み、他所では見られない独特の山岳景観を創っています。例えば日本で１位の富士山、２位の南アルプスの北岳や３位の間ノ岳を始め3000メートル前後の甲斐駒ヶ岳、八ヶ岳、金峰山などの名峰の数々が連なり聳えています。そして四季折々に、また日々刻々と色彩を変える自然の移ろいは、「万華鏡のような山岳景観」とも言えます。山梨に住み、また訪れる人達は、母なる大自然に抱かれたような言い知れぬ感動を覚えるのです。

天皇陛下も皇太子時代に変化に富んだ山梨の山を愛され、瑞牆山《みずがきやま》、金峰山、北岳、甲斐駒ヶ岳、仙丈ヶ岳など多くの山に度々登られております。

宝石のような山梨の盆地の夜景

山国である山梨には、
様々な形の盆地や
谷間が点在し、
そこで織りなす夜景は、
変化に富んでいます。

寒灯の　綺羅ゆれやまず　甲斐盆地
冴え冴えと　宝石散らす　盆地の灯
下界の灯　夕の華《はな》ぎ《や》　雪来るか
光りつつ　盆地分け行く　冬の川
ほほゑみの　ごとき寒灯　揺れやまず
夕餉灯や　家の数だけ　秋深む
甲斐盆地　ふところ深く　秋灯し

新夜景遺産認定地・笛吹川フルーツ公園

甲府盆地を始め、県内各地に点在する盆地や谷間。その高台から見る夜景は、地形の変化もあり様々な形の「地上の銀河」の景を鑑賞することができます。

特に3000メートル級の山々が盆地を囲み、起伏に富んだ地形と澄んだ空によって、山間となる盆地が漆黒の闇となり一層夜景が輝いて見えます。日本一の生産を誇る宝石の県に相応しい、特異の景観とも言えます。最近、その夜景を楽しむためのイベントとして、有志によるナイトツアーが年間を通じて行われています。

山梨独特の集落景観と人情・移住先としても注目

日本の原風景の集落が
県内各所に点在。
タイムスリップしたような
自然と融和した山里です。

強霜や　動かぬ闇を　村と呼ぶ
山霧に　眠りおちたる　小村かな
山眠る　阿闍梨《あじゃり》の小寺　懐に
真直ぐに　山突きあたる　霜の道
移住地に　蝶の時間の　過ぎゆけり
きのこ飯　向こう三軒　分かつ村
つばくろと　共の住み家や　通し土間
田舎には　田舎のしじま　遠郭公

南アルプスの麓に点在する集落

スイスのような、アルプスと共にある山梨の景観。高山が壁のように聳え、幹線道路が高山の腹に突き当たるような景観が多く見られます。また、多様な地形に同化した山村風景と暮らしの文化、その多様性が山梨の特徴です。こうした別世界に首都圏から僅か60～100分ほどで訪れることができ、首都圏の奥座敷とも言われています。それらの集落には固有の伝統文化があり、独特の石造物、茅葺屋根、石垣、急傾斜地での焼畑、蒟蒻畑などが見られます。長寿で有名な棡原《ゆずりはら》や杣人文化の残る早川、蒟蒻栽培の伝統がある芦川などの集落が多数あり、近年では都会から訪れ宿泊や定期滞在者も多く、また定住、仕事場、田舎留学などが増えています。こうした田舎の良さを将来に活かすには、単なる保存や郷愁ではなく、その地にしかない自然のエネルギーを再発見し、新しい形で活かす工夫と知恵が重要だと思います。

山梨オンリーワンの古民家

山梨県が発祥の兜型民家など、県内には山梨固有の民家があります。それは高山で隔離された気候風土が大きく関係しています。

兜家に　蚕《かいこ》も太る　涼しさよ
どの家も　兜民家や　柿すだれ
方言の　涼しく通る　茅の家
千年の　垂木のうねり　初燕
兜屋の　大家新家や　蚕《かいこ》むら
ふつくらと　小村包むや　桃の春
幾筋の　厨の煙　山眠る
こんにやく玉　吊るす軒端や　暮の秋
瑞垣の　甲斐の真中に　蛍追ふ

兜屋は山梨県が発祥の地。それが関東一円に広がりました。富士河口湖町の根場集落

国土省が調査した全国民家調査で、全国人気ナンバーワンの民家が、「兜造り」です。切り妻造りの中央に突き上げ屋根があるもので、塩山市の甘草屋敷とその周辺に多く、特に上条集落は25棟の内13棟がそれで、国の重要伝統建造物群保存地区に指定されています。また茅葺の寄棟構造が集団としてあるのも有名です。笛吹市芦川集落の30棟や復元された富士河口湖町西湖根場集落の20棟は、他県の白川郷や大内宿などに次ぐ集落景観が見られます。更に山梨独特のものとしては、茅葺屋根の平屋に2階を載せ、窓を付けた養蚕型民家です。特に峡東方面に多く、養蚕の環境を配慮した通風と採光の良さが特徴です。

棚田の風景・富士山、南アルプスの展望席

「田毎の月」で有名な棚田群。富士山や南アルプス、甲府盆地を望む絶景ポイントがあります。棚田は人と自然の共存の原風景であり、神が聖なる棚田に降りる「神様の階段」とも言われています。

千枚の　風でつながる　稲田かな
早苗饗《さなぶり》の　万灯揺らぐ　棚田かな
畔毎に　火の手上がるや　彼岸花
千枚の　田毎に月の　植田かな
うち揃ひ　植ゑし田面《たづら》に　駒《こま》ヶ岳の峰
鐘太鼓　ささらほうさら　花田植
箕隠す　ほどの小さき　植田かな
おにぎりの　笑顔揃ひて　田植終ふ
落とし水　棚田は風の　音ばかり

甲斐市の御領棚田。
田植え後の幻想的な
棚田蝋燭祭り

山梨には多くの名山の麓に大小様々の棚田があります。中でも甲斐市の御領《ごりょう》棚田は南アルプスを、南アルプス市の中野棚田は富士山を望む場所にあり、他所では見られない絶景です。

御領棚田は徳川家康から御朱印を頂いた400年の歴史があり、千枚あった棚田はその後荒廃しましたが、棚田保存会により800枚が復活しています。田植えの無事を祝う早苗饗《さなぶり》行事として棚田に蝋燭を点灯し幻想的な夜景を演出し、また都市との交流も行っています。

猿橋・日本三大奇橋・富士講の人気名所

日本三大奇橋の猿橋。広重、北斎の絵にも登場。
江戸っ子に人気の富士山詣の名勝地です。

安藤広重初代
「甲陽猿橋之図」。
東京国立博物館提供

桁《けた》のなき　奇橋見上げる　秋の空
猿橋の　新樹の深さ　梁《はり》の数
猿の声　連れて春風　橋渡る
猿橋の　木組み十段　木の芽風
猿橋を　急ぐ講列　秋しぐれ
散り紅葉　歌舞伎競へる　橋の上

秋の猿橋

「月を超える高さの橋桁」と言われる猿橋。31メートルの深い谷に架かる橋で、岩盤に木を差し込み、それを足場に両岸から木組みをした「刎木《はねぎ》」によって、橋脚を使わずに橋にした工法です。起源は奈良時代と言う説もあり、その形が猿の肩車に似ていることが猿橋の名前の由来です。2020年東京オリンピックの新国立競技場は、木材が主体の建物ですが、それを設計した隈研吾氏がヒントにしたのが猿橋の工法だと言われています。

展望露天風呂の多さ、高台に四十余

夜景下　上に富士見る　露天風呂
ほつたらかし　ままの湯舟や　月写す
盆地の灯　月も仰ぎて　露天風呂
三珠の湯　眼下は盆地　灯の冴ゆ

タイミング次第では雲海の上に浮かぶ富士も展望できる「ほったらかし温泉」

夜景百選にも選ばれた市川三郷町は、絶景露天風呂で人気です。毎年８月７日（花火の日）には、大迫力の神明の花火大会も開催されます

甲斐の誇り・その五
山梨の強みを生かした産業と食

第一章　山梨こそ出来る「森林共生産業のモデル県」、小さな県の底力を世界へ

山梨特有の地形が生む、深い森林

県土面積の八割を占める森林資源は、
環境優先社会と未来産業を担う重要な山梨の宝です。
その資源を活かすことで、山梨が「森林資源活用の先進地」に、
また「環境先進県」として、時代をリードできるものと思います。

峰に雪　森に秀でる　巨樹巨木
大木の　しんかんとして　秋深む
水揚げる　ブナの幹より　春の音
ひぐらしの　声に鎮もる　巨木かな

いち早く　梅雨の茂りと　なりし森
水神の　森の奥処の　苔の花
神木の　太さ讃へて　斧始め
雪解けの　谷へころがす　杉ひのき
加工待つ　整形丸太　寒晒し

先進技術で、循環型社会の製品の生産県に

山梨が他の地域に先駆け差別化した産業を興す。
その有効手段として、森林資源の高度活用があります。
灌木を含む多様な樹木や、きのこ、土壌微生物などを、
先進加工やバイオ技術などで新産業を興すことも重要です。

木のビルに　森の香りの　涼気かな
雪に耐へ　刻む年輪　芯柱
銘木の　木組息する　夏座敷
杉の香の　ビルは涼しや、会話にも

山梨県が誇る美しい森。豊かで多様な森林資源です

橅梁《ぶなはり》の　雪の重さに　どんとあり
古民家の　木組どしりと　新樹風
兜屋の　梁は千年　夏座敷

木材を中心に建設された東京都新宿区の新国立競技場。先端加工技術で、木材を用いた強大な橋やダム、高層建築などが可能になりました

化学技術の進歩は目覚ましく、木材に関する加工や化学、バイオ、ＣＬＴの集積材加工、高性能樹木の複合新素材などの新技術が生まれています。鉄の５分の１の軽さで５倍の強度。また鉄やコンクリートにはない柔軟性と耐熱性に優れた木製品です。こうした技術の活用はもちろんのことですが、他に森林資源の活用方途は水や草、灌木、竹、動物、昆虫、土壌、微生物など限りなくあります。

また利用技術も化学やバイオなど多様です。知恵を出せば、現在課題となっている石油製品に替わる環境型の様々な日常製品も可能です。一例ですが、竹をバイオテクノロジーや化学処理により、従来にない柔軟にして高い強度の特性を活かした革新的な機材や日用品も可能だと思います。また森林内の鉱物成分や腐食土内の微生物、酵素などは未開の医薬や化学製品への無限の可能性を秘めています。こうした未来資源を活用するために重要なことは、県として現在ある森林総合研究所を、全国、世界に誇れる一級の研究拠点として拡充し、自然資源に特化した高度の研究や開発組織や人材育成、人材誘致など思い切った投資と支援を行うことではないでしょうか。

山梨は薬用など有用植物の宝庫

山梨は自生の
薬用植物や有用の灌木、
山菜の宝庫です。
江戸時代には幕府の
直轄薬草園があり
山奥で秘密裡に
守られていました。

信玄の　隠し薬畑　ノカンゾウ
ウド背負ひ　渡り慣れたる　丸木橋
ぺちゃんこに　座りて婆の　茸売り
薬草の　根本に神の　芽を宿す
薬草の　苦味確かに　山の春
山菜の　春の香りを　切り刻む
山幸の　いのち山盛り　夏御膳

塩山市の甘草屋敷。胃腸薬など様々な薬に利用できる甘草は、山梨の特産でした

古来より「薬師如来」の信仰があるように、病気治療の薬用植物は珍重されてきました。山奥まで薬効の植物を探したり、また為政者は秘密理に薬草の山を保護していました。甲斐には古くから、健胃、解毒、解熱、抗炎などの特効薬であるセンブリやイカリソウ、キハダなどの植物が多く自生し、信玄を始め江戸幕府も大切に保護してきました。現存する塩山市の「甘草屋敷」での甘草は、現在でも国内の漢方薬の約７割に調合されている程大切な薬草で、消炎抗炎剤として喉や咳、内臓などに薬効があり、また甘味剤として薬や調味料としても広く使われています。

山梨には、全国でも稀な県営の八ヶ岳薬用植物園がありますが、この地が古くから薬草の宝庫であったことを物語っています。

また山深い立地もあり、うど、うるい、きのこ、竹の子などの山菜が豊富で、その生産量はかつては日本一でした。

第二章　果樹王国山梨・新技術で循環型農業へ

山梨独特の果樹栽培方法と経営形態が世界遺産に認定

山梨は「フルーツ王国」として有名で、ぶどう、桃、すももの生産量と品質で日本一です。その背景として、平安時代より桃やぶどうが朝廷への献上品とされ、また江戸で「甲州八珍果」（ぶどう、梨、桃、柿、栗、りんご、ざくろ、クルミ）が大人気であった歴史も大きいと思います。そうした背景もあり、峡東地域が世界農業遺産に認定されました。

ももぶだう　故郷こふる　秋の色
山峡は　葡萄にワイン　香る秋
出荷待つ　箱の香りや　もも葡萄
シュートする　ごとき喉ごし　ぶどう桃

山梨が全国生産１位を誇る
ぶどう、桃、すもも

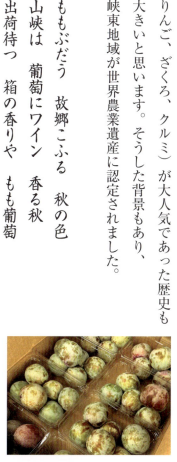

葡萄棚　上に肩組む　八つの嶺
甲斐に住み　朝夕届く　ぶだう桃
甲斐盆地　桃桃桃の　花の海
甲斐駒《こま》ケ岳の　いよいよ高く　桃の花

県内に百余ある、ぶどう狩りの観光ぶどう園

近年、国内を始め、海外での山梨のフルーツの人気が上昇中です。それは比類なき品質の良さです。山梨が果樹の適地であるのは、山梨独特の「盆地と山岳の気候」「土壌の特性」などにあり、日本一の日照時間の多さや、一日や年間における温度差の大きいこと。またミネラル豊富な花崗岩などの地層と深い森林による水質の良さが影響しています。更に周囲が高山であることから、台風直撃が少ないのも利点です。

また、山梨は首都圏に隣接していて流通面での優位性もあり、更に長い栽培の歴史で培われた技術と人材の豊富さにあります。

そうした山梨独特の果樹栽培と経営が、唯一無二の世界の宝であると評価され、2022年７月国連食糧農業機構より勝沼など峡東地域が農業遺産に認定されました。独特の棚仕立て栽培や小規模の利点を活かした高品質栽培、またワインとの連携など多面的経営などの評価です。

「果物」という言葉の最初は、山梨のぶどうから

山狭《やまかい》の　空気は甘く　ぶだう熟る
手を尽くす　ほどに葡萄の　肩の張り
ぶだう狩る　甘すぎて子ら　友を呼ぶ
秋空の　上へ上へと　ぶだう畑
家々の　その蔵々や　ぶだう熟る
房重く　戸口に迫る　ぶだう棚
甲州の　ぶだう弾《はじ》ける　まで太り
ぶだう棚　こんなに秋の　重さうに
ぶだう棚　蔓は伸び伸び　許しあふ
ブダウ蔓　春一番の　樹液落つ
土潤み　ハウスブダウの　芽が騒ぐ

勝沼ぶどうの丘。峡東３市のぶどう畑風景が文化庁の日本遺産に認定されました

ぶどう発祥の地・勝沼

日本のぶどう発祥の地は勝沼です。
ぶどうに最適の
盆地の気候が大きく影響。
また日本の食事の中に
「果物」という分野を
作った始まりは
山梨のぶどうと
言われています。

葡萄持つ　菩薩のおはす　良夜かな
掌に葡萄　笑むや薬師の　長き眉
二の膳は　ぶだうづくしや　坊の宿
一村を　覆ひ尽して　ぶだう熟る
ぶだう畑　山段々に　天高し
実ぶだうの　蔓生き生きと　道奪ふ

ぶどう寺としても知られる大善寺の薬師堂。本堂の厨子には、ぶどうを持つ薬師如来像も納められています

山梨のぶどう栽培の歴史は古く、奈良時代建立の勝沼町大善寺のぶどうを持つ薬師如来と、平安時代に雨宮勘解由が栽培方法を工夫した歴史が証明しています。ぶどうには薬効があることから勝沼を中心に栽培が広まり、日本独自の棚による栽培方法は江戸時代に確立されました。古くは戦国時に武田信玄がぶどうを天皇などの贈答品にしており、江戸時代にはぶどうが庶民にも普及し、コメやクリなど穀物中心の食生活の中に「果物」という分野を開く最初となりました。その後、新品種と栽培技術が次々と開発され、山梨は先進ぶどうの産地として、また日本ワインの中心地として、不動の地位を築いてきました。

山梨の桃は、量と質とも群を抜いている

山梨の桃とすももは、国内生産量で群を抜き第一位です。品種改良や技術アップで最高品質を維持しています。南アルプス市で開発されたすももの新品種「貴陽」は群を抜いて甘く大きく、最高級品として世界中から注目されています。

風は止み　受粉促す　ももの花
甲斐駒《かいこま》ヶ岳に　身体《からだ》反らせて　桃を採る
熟桃の　この重たさや　甲斐の国
つぎつぎに　出荷の桃着く　匂い着く
出荷待つ　寝間のおくまで　桃の箱
桃の実の　太りて村は　がらんどう
ふるさとの　素顔が届く　桃の箱

良質の桃。センサーで糖度や品質がチェックされ、出荷されています

すももの「貴陽」、ギネスに登録

すもも咲く　白一色の　巨摩郷《ごうり》
家々の　棟より朝日　すもも熟る
この土地に　馴染みて李　味深む
すもも咲く　小村眩しく　目を覚ます

さくらんぼは全国での栽培面積第三位

さくらんぼ　摘みて深空へ　枝返す
さくらんぼ　揺れて三つ子の　笑ひ顔
出荷する　箱入り娘　さくらんぼ
鈴なりの　ルビーのごとき　さくらんぼ
嬉しくて　声の弾ける　さくらんぼ

ギネスブックに登録された評判の貴陽

さくらんぼの三大産地の一つは、南アルプス市を中心とした地域

桃の栽培の団地化と機械による選果は、ぶどうと共に日本で初めてのことで、その品質は品評会でいつも上位を占めています。また時代のニーズを先取りした品種改良も、多くが他県に先がけています。

桃は平安時代以来、貴重な物として祭礼や不老長寿、薬用として珍重され、現在では血液を健康にするペクチンが豊富に含んでいるとして注目されています。

山梨県内で開発されたすももの新品種である「貴陽」は、普通のすももの2～3倍も大きく、糖度は約18度もあり、キリッとした酸味が加わり、新しいフルーツの王様としてギネスブックに登録されました。

ころ柿は信玄公の陣中食が起源

甲州名物の「松里村のころ柿（枯露柿）」。
村全体が柿すだれの一色に染まります。
武田信玄が陣中食として奨励したのが始まりと言われています。

どの軒も　富士山《ふじ》に真向ふ　柿すだれ
村をあげ　柿一色や　柿すだれ
吊したる
　柿の喜ぶ
　　秋日和
空つ風
　甘さ募らす
　　柿すだれ

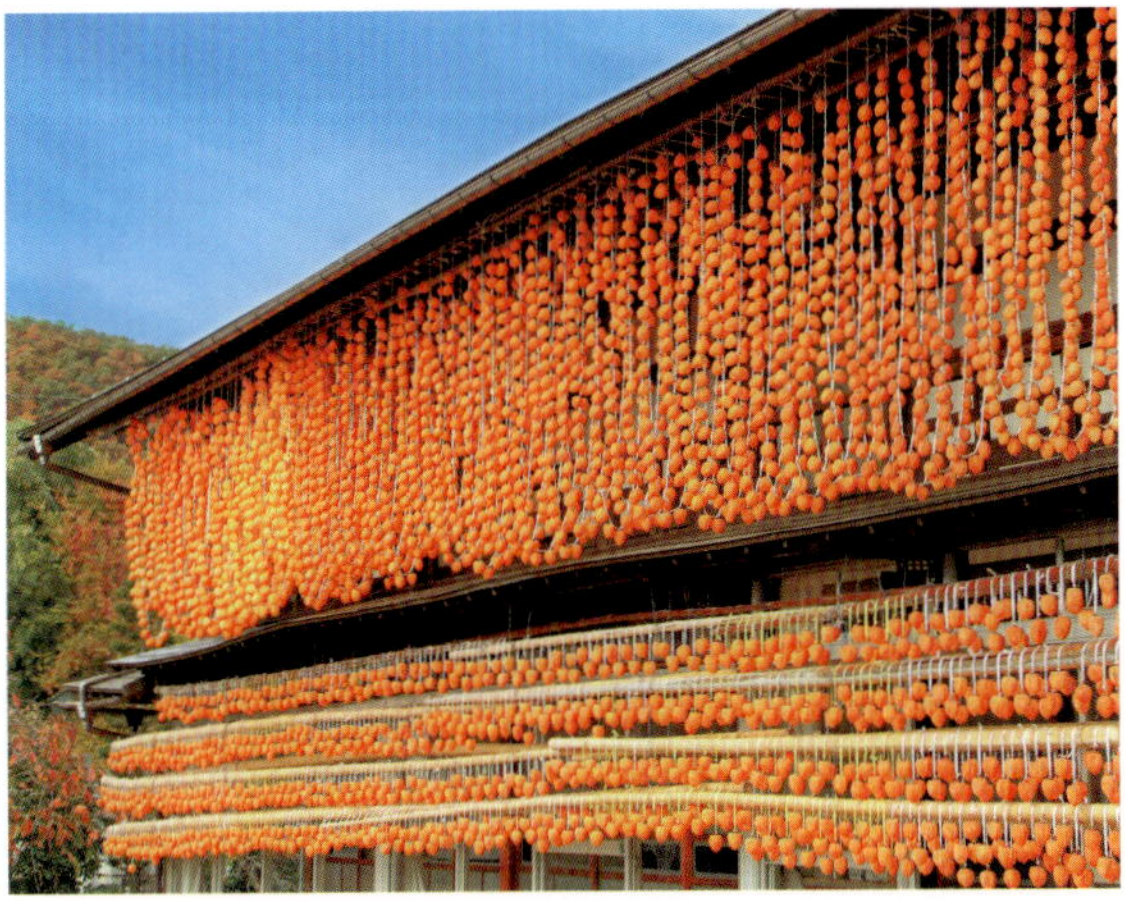

信玄公由来のころ柿の歴史をもつ、甲州市松里地域

甲州市の松里集落は、秋の風物詩「柿すだれ」として有名です。ころ柿は500年の歴史をもつ甲州を代表する「甲州八珍菓」の一つです。武田信玄は地域を豊かにするため柿の栽培を奨励し、また携帯が容易な干し柿を陣中食にしました。収穫の時期になると松里集落を中心に、家々に柿を干す大きな柿垣が出現し、村全体が柿色で染まる珍しい風景が見られます。甲州のころ柿は高級品として、首都圏などで大変人気があります。

第三章　山岳県の利を活かした高原野菜

「日本の屋根」と言われる高山の連なる山梨。
そこには広大な裾野があります。そこで育つ
高原野菜は、高地のみで可能な
特化した品質を誇っています。
近年ではこの味を求めて
野菜バイキングのツアーが
人気になっています。

たっぷりと　陽をふところに　トマト熟る
もろこしの　甘味とろける　露の朝
さみどりの　渦を競へる　キャベツ畑
涼しさや　きうり一夜で　地に届く
月を上げ　高原レタス　露光る
山風に　うつとり熟るる　メロンかな

甘味抜群の未成熟とうもろこし。
生産量全国トップクラスです

高山である富士山や八ヶ岳、南アルプスを始め、県内各地の山々の麓には、広大な裾野が広がっています。そこは標高が高く冷涼な気候で、またその土地は安山岩や堆積岩などミネラル豊富な肥沃土で理想的な保水性があります。また全国屈指の名水の地でもあります。更に日本一長い日照時間の地域も多く、昼夜の寒暖の差が群を抜いて大きいことにより糖分や栄養素の蓄積が多く、うま味が凝縮されるのです。近年の健康志向によって山梨の産地が注目され、その味を求めての野菜狩りや野菜バイキングツアーが人気になっています。

その他で有名なのは、出荷期をはずした促成栽培の未成熟とうもろこしや甘みのあるキャベツ、レタス、トマト、ナスです。

第四章　日本ワイン発祥の地山梨・世界最高賞に「甲州ワイン」

「ワイン王国の山梨」は、日本ワイン発祥の地。生産量ダントツの日本で一位です。世界の品質を競う場でも次々と最高賞を受賞、また工場が集中する甲州市は、「日本ワイン140年の歴史」として文化庁の日本遺産に認定されています。産地では葡萄酒と呼び、茶碗でお茶代わりに飲んでいます。

赤ぶだう　仕込む一会の　音の中
白ワイン　かをり眩しく　絞らるる
ヌーヴォーに　ほろ酔ふ甲斐の　星の数
ぶだう踏む　仕込み踊りや　甲斐の空
一升瓶に　注ぐ葡萄酒　農納め
乾杯は　茶碗のワイン　炉火灯り
ワイン酌む　炉端の会話　まあるくす
ぶだう酒の　琥珀涼しく　注がるる

県内をはじめ、東京、大阪などで行われる山梨のワイン祭り。
山梨県ワイン組合提供

ワイン乾す　グラス透かして　奥白根
新ワイン　ネイルカラーの　細き指

山梨の自然と技術が熟成された香り高い甲州ワイン

山梨は、ワイン発祥の地で国内生産量の約３割を占め、醸造場の数も群を抜いて多く、ワインの基になるぶどう栽培は奈良時代からです。国内で最初の醸造は、明治３（1870）年の甲府在住の山田氏、宮内氏の共同会社です。その後、明治10年に県立葡萄酒醸造所が開設しました。「甲州ワイン」に代表されるフルーティさは特別で、世界における最高賞を次々と受けています。それは原料となるぶどうの品質にあり、山梨特有の冷涼の気候、土壌、昼夜間の温度格差、長い日照時間、少ない降水量などすべてが揃っていること、また栽培技術の高さにあります。

県立の果樹試験場を始め、民間の研究機関の多いことも背景にあります。同時に醸造技術の高さと人材の豊富さです。古くから山梨大学に醸造研究所を持ち、それに醸造会社も加わった共同研究の体制があることです。更に醸造会社が90社と群を抜いて多く、一大産地であることです。

一方山梨には葡萄酒を湯呑み茶碗でお茶代わりに飲む、独特のワイン文化が古くからあることも要因の一つと言えます。近年世界中に普及している日本食文化と併せ、これにマッチした淡泊な甲州ワインが世界的に注目されてきています。

第五章　甲斐の地酒・名水日本一を活かす

日本酒の味は八割を占める
水と米の質で決まります。
山梨の地酒はその全てに
おいて突出して
条件を満たしています。

霊峰の　水柔らかく　仕込み酒
それぞれに　樽のつぶやき　酒仕込み
利き酒に　キラ星落とす　無垢の酒
樽音の　闇を満たして　新走り
新酒添へ　甲斐の煮貝の　宅配便

山梨の磨かれた名水が名酒をつくります

山梨の地酒の他所にはない特徴。それは、日本を代表する高山を連ね、その奥深い森林から湧出する日本一を誇る名水があること。それに、山梨特有のミネラルを多く含む花崗岩などの土質と山岳県特有の昼夜の寒暖差などから生まれる酒米の旨味によります。

そこから生まれた地酒は、みずみずしい澄んだ喉越し、フルーティと芳醇な香り、味のキレと高級な甘さを特徴としています。最近では世界での日本食ブームにピッタリの日本酒が開発され、個性豊かな山梨の地酒の需要も高まっています。

第六章　海のない県に「鮭」が登場・新種「富士の介」誕生

魚料理人気で一番の鮭、
資源減少の中での朗報。
海なし県から栄養豊富な
サーモン「富士の介」が誕生。
これは世界で初めてであり、
漁業資源減少の中での朗報です。
鮭の持つ味、食感、栄養、加えて
安価で高級感があるのが特徴です。

銀鱗や　春が来てゐる　生け簀《いす》にも
魚捌《さば》く　身は湧水の　春の色

山国に高級な鮭誕生。山梨県が開発した革新的鮮魚

平成29年に山梨発の鮭の高級魚として「富士の介」が誕生しました。この赤身を持つ鮭は他の魚より突出してガン、老化防止など予防効果が高いとして人気急上昇にあります。しかし世界的な需要急増の反面、漁獲量は急減の一途にあり大きな課題となっています。このような中で今回、海ではなく内陸の、しかも淡水で養殖が可能になったことは朗報と言えます。

この魚はニジマスとキングサーモンを特殊な技術で交配し、約10年をかけ県水産技術センターが開発したものです。体長は40～50センチで重さは2～3キロと大型魚であり、淡水魚の臭みはなく、またアミノ酸が多く旨味、脂身、舌触りの評価指数が高い。しかも今後は安価で生産できるのも特徴です。

これが実現した決め手は、山梨が奥深い森林県であり、そこから生まれるミネラル豊富な名水の宝庫であること。また淡水魚研究の先進地であったことなどによります。

第七章　山梨の企業環境は、頭脳や環境型の未来産業の適地

山岳景観にマッチした企業立地・スイスに似た風景

山梨は、創造力をメインとする未来産業の適地。
高山を始め奥深い山河と良質な水など、
次世代産業であるエコや頭脳産業の立地条件が揃っています。
人口で全国四十一位の山梨が労働生産性（時間当の価値生産）では
二十五位と健闘しているのは産業の質の高さの証明でもあります。

工場も　裾野の景や　夏の富士
工場の　窓はキャンパス　八ヶ岳《やつ》の夏
山裾に　社屋溶け込む　秋の風
アルプスを　映す社屋や　秋日濃し
桃咲きて　研究社屋　白く浮く
房重く　社屋に迫る　ぶだう棚

山と森林、そして工場とが一体となった山梨独特の景観。自然と共生する未来産業の姿と言えます

青葉して　誘致工場　溺れけり
工場の　窓開け放つ　揚雲雀
ロボットの　工場に映える　五月富士
初つばめ　声を窓辺に　テレワーク

世界で唯一無二の物や事を興すきっかけはヒラメキと言われ、脳科学者によると、そのヒラメキは、頭が空っぽ、無心の状態の瞬間であり、それを誘発し易い環境は、人類が体験した原始の自然風景に由来しているとのことです。

幸い山梨は、単に自然豊かだけでなく、変化に富んだ山水や自然と一体の文化風土が多く残っており、それこそ未来産業立地の適地と言えます。世界のロボット産業をリードするファナックが富士の名水地である忍野村にあるのは、その先進的な例と言えます。

また、これからは、地球環境と人間に優しいことが産業のキーワードになります。従来の人口集積の大都市での大規模大量産業は後進国の追い上げで限界となり、一方、地震、津波の想定される海岸部は危険すぎます。

その点山梨は、首都圏に隣接しながら「東洋のスイス」と言われる富士山や南アルプスなど3000メートル級の山々が連なる山河景観と澄み切った空気、日本一を誇る良質な水と日照時間があります。また不純物のない水が豊富な山梨は、頭脳産業に必要な電子基板の製造加工にとって不可欠であります。更に研究開発などクリエイティブな仕事にとっても最適な環境と言えます。

空やリニアの輸送時代・山梨は劇的変化交通網の渦中に

近い将来山梨をめぐる交通インフラは劇的に変化します。
すでに空での輸送や無人輸送の実用実験も成功し、
更に情報革命も加わり劇的変化が予想されます。
またリニアもあります。
こうした中で山梨は日本の中心に、
また首都圏の一角になり
三大都市の経済圏の中心的位置になります。

ももの花　盆地切り行く　リニアかな
リニア行く　先にどしりと　雪の峰
ふんはりと　浮きてリニアに　春疾風《はやて》
リニア線　切り行く山河　燃ゆる秋
ぶどう五粒　摘む合間の　甲府駅

桃源郷の中、甲府盆地を走る実験線のリニア

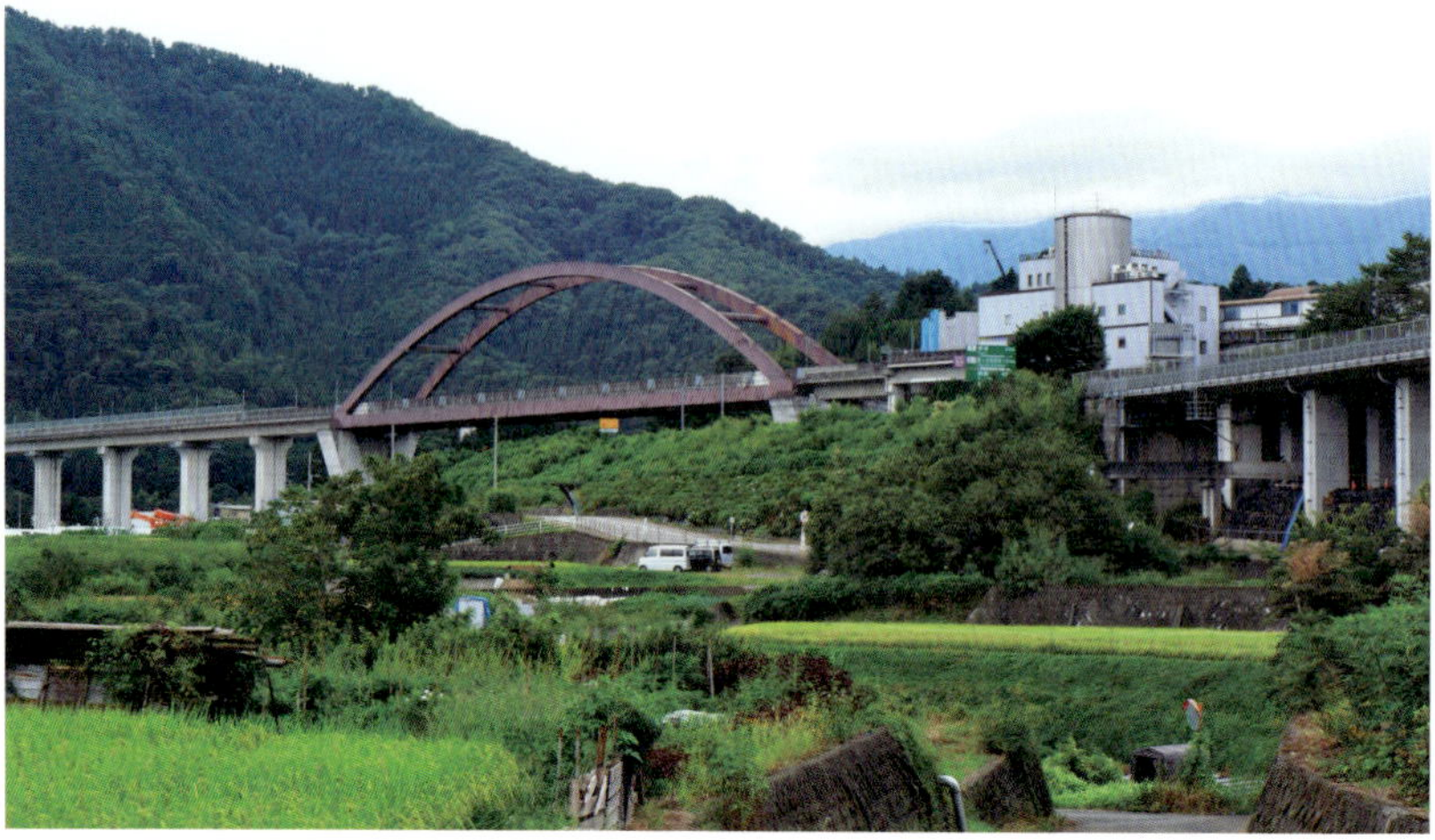

都留市にあるリニア実験場。時速約500キロ、
東京から甲府まで25分で結びます

20年、30年後の山梨は、空を利用した交通システムや自動運転などの劇的変化や高速道路網の整備、情報革命、更にリニアもあり、首都圏や東京、名古屋、大阪の経済社会圏の一角になります。それは国の将来国土計画でも記述されています。空飛ぶ車などの輸送は簡便かつ高密度も可能となり、無人での空や陸輸送も進化し輸送力はアップします。更にリニアは東京と甲府を25分で結び、名古屋、大阪を約１時間半で直結します。この事により山梨の経済、社会圏は日本三大都市の一角になり、大変便利になり経済的な効果も期待されます。しかし一方激しい地域間競争に晒され、小さな山梨は巨大な首都圏の渦にのみ込まれるリスクもあります。山梨が活きる道は、この本で紹介している山梨固有の自然、人、物、文化などの資源を駆使し魅力度を高めることです。人集めや目先の利益で大型事業をしても県内定住や滞在は増えず、都市に吸い取られることもあり得ます。未来の山梨のために今は多少は我慢をする、そうした政治が求められます。

中小企業の技術力で、世界でオンリーワンの新産業県へ

山梨の県民一人当たり県民所得は、埼玉や福岡県と並ぶほど比較的高い位置にあります。その要因として大きいのは日本一を誇る果樹やワイン、宝飾、それに電子関連産業の裾野の広さ、またロボット産業や創造力をメインとする未来型産業の健闘によります。近年世界でトップ技術を誇る企業も増えています。

精密機器《き》　無音に動く　日の盛り
知を超える　集積回路　冴えかえる
蜘蛛の囲の　如くAI　製図引く
月冴える　父は精緻《せいち》の　基盤研ぐ
金型の　ビームの光　夜長かな
青嵐　旋盤高く　低き音
春風や　進化ロボット　動きだす
伸び縮む　作業ロボット　遠郭公

山梨最大のものづくりと情報通信の展示会、山梨テクノフェア。世界をリードする製品も多い。山梨産業支援機構提供

町工場　漏れるあちこち　夜業の灯
工場の　窓にオオルリ　来て歌う
設計の　線の勢ひ　芽は花に

独自の知識と技術が生む、唯一無二の中小企業の製品

幸い山梨は、首都圏に隣接しながら「東洋のスイス」と言われる3000メートル級の山々の山河景観と澄み切った空気、日本一を誇る良質な水と日照時間があります。特に不純物のない水が豊富な山梨は、頭脳産業に必要な電子基板の製造加工にとって不可欠であります。一方、山梨は果物大国でありワインや酒など発酵関係の先進地であり、また宝飾加工、燃料電池、医療機器、ロボット、飲料水、和菓子などの技術の集積もあります。特に機械制御装置を始め、電子技術、電子機械、電子回路分野の産業の裾野は広く、これらの基盤があることは、今後のデジタル革命社会で重要となるAIや情報ストック、ロボット、高度ネット化による「ソサエティー5.0」の社会に対応できる大きな強みと言えます。

山梨といえば・水素燃料研究の先進地・実用化へ道を拓く

水素は脱温暖化対策の切り札と言われ、石油に替わる新エネルギーです。
その実用化実験が甲府市の米倉山で行われ、全国に先駆け事業化に道を拓きました。
太陽光発電の電力で水を電気分解して水素を製造します。
その水素を水素吸蔵合金という金属に取り込み、貯蔵した後、
高圧水素ガスに変換し、専用のトレーラーで配達する仕組みです。
安価で水素を作り、貯め、運び、使う一貫した供給網です。
この特徴は不安定な太陽光発電を効率的に利用でき、
小型で構造がシンプルのために
安価で導入し易い特徴があります。
この事業は県と山梨大学、
民間企業が共同で行う画期的なもので、
世界から注目されています。

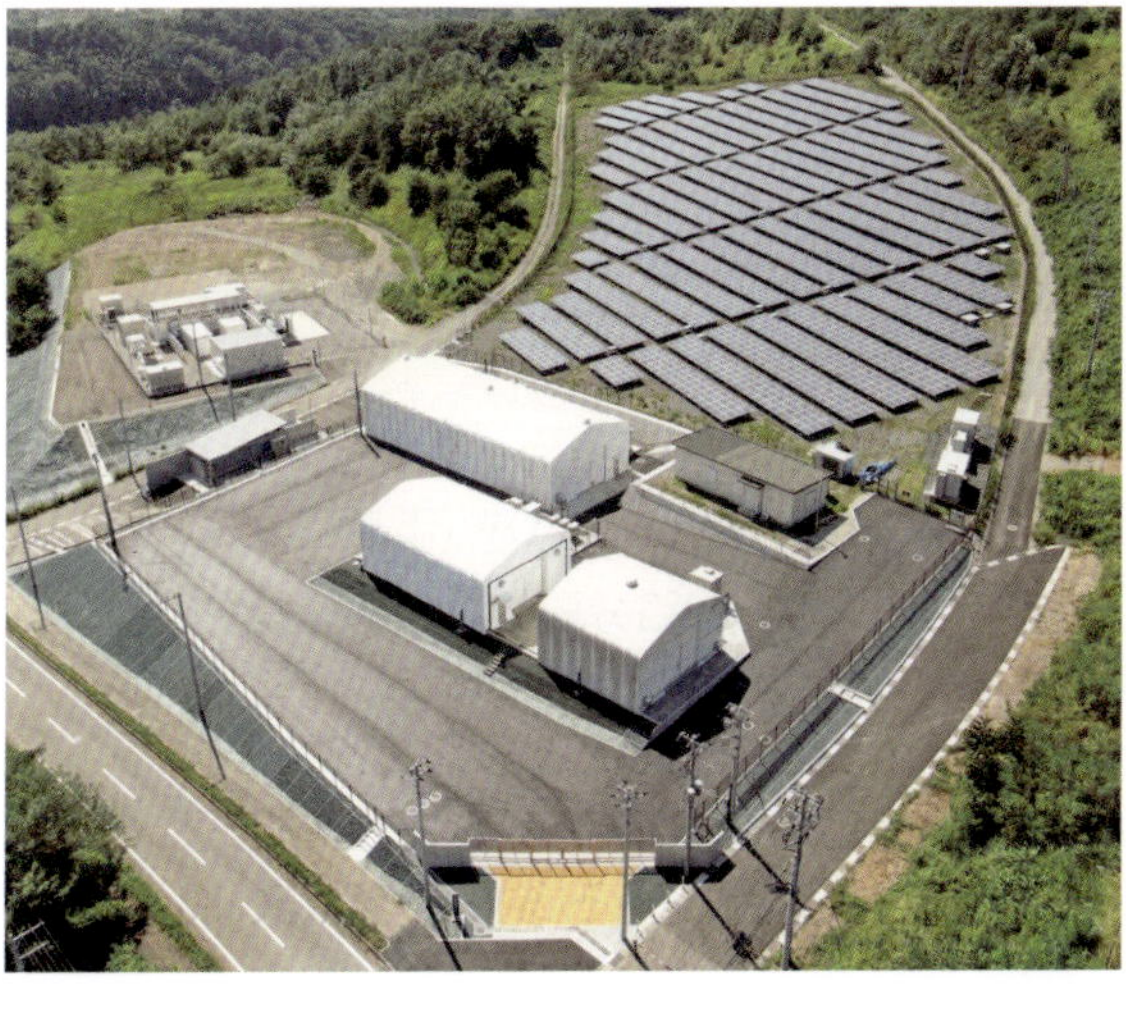

世界の燃料革命の先端を行く、米倉山の水素燃料実用化実験場

実験棟　囲むや桃の　花の海
太陽光　パネルに秋の　雲と空
蓄電の　配電パイプ　夕焼くる

水電解水素製造実験棟の内部。山梨県企業局提供

　脱酸素社会で有効な太陽光の自然エネルギーを燃料として使う。しかしその実用化には問題が多く、太陽光発電は晴天や風の変化による不安さ、またその電気を溜める燃料電池も大量保存では弱点があります。そこで太陽光による電気で水素を作り、保存し、供給する方法が注目されましたが、その装置は大きくて非効率であり、実用化に課題がありました。それの打開策として、日本で世界トップクラスの山梨大学の蓄電技術がベースとなり、他の研究機関や県内外の企業を巻き込んだ研究が進みました。そして水素イオンのみを通す世界最効率の電解質膜による固形高分子型水電解装置が誕生しました。これは山梨モデルと言われ、小型で構造がシンプルで、安価であり、発電効率も高い、これにより安価な水素を製造して貯蔵し、運び、使う一貫供給体制の実用化へ大きく前進しました。これを契機に、国内外から共同研究に参加希望の企業が急増して活気づいています。

　一方これに並行して、山梨の急傾斜地に有利で、無数の小河川で有効な小型水力発電の設置も進められています。これらの先進的な脱酸素技術やノウハウは、県内の中小企業が成長産業に参入する重要な呼び水になると期待されています。

文化支援をする、粋な企業人達

全国に先駆けた、芸術文化支援の
「山梨メセナ協会」の活動。
芸術文化に優しい山梨の企業経営者たちが、
全国に先駆けて山梨メセナ（芸術支援）協会
を組織し、世界的最高峰の賞を受ける
アーチストなどの誕生に寄与しています。

文化と言ふ　花の大輪　咲くを待つ
文化と言ふ　実を持つ企業　茂りけり
アーチスト　支へる企業　花は実に
文化なる　薫風通ふ　オフィース街
美を愛す　企業文化や　木の芽風

メセナとは、芸術文化支援に特化した慈善団体です。ローマ時代からの長い歴史があり、モーツァルトやミレーなど多くの著名者の支援実績があります。西欧はメセナの先進地で、メセナ会員であることが社会的地位のステータスシンボルとされ、そこより支援されることは芸術家にとっても名誉とされています。

日本はメセナ後進国で、東京の有名企業者による企業メセナ協議会のみでした。そうした中でこの本の筆者、私堀内の呼びかけが発端となり、賛同した有志の協力を経て、平成８年山梨メセナ協会が全国で３番目に発足しました。会員は山梨経営者協会会長の高野孫左衛門など県内有名企業の代表者70人と団体、個人でした。会の基本は、メセナの理念である「見返りを求めず陰ながら支援し芸術文化の感動を共有する」に置いています。すでに25年の歴史を刻み、県内のヴァイオリンやピアノ、絵画、演劇などの分野で世界最高賞を受ける芸術家など延べ約400を超える個人と団体を支援し、山梨の芸術文化の人材育成とレベルアップに貢献しています。

第八章　山梨の伝統産業・スローライフ時代に最適として再評価

宝飾の街甲府・世界の二大宝石街の一つ

甲州の知恵と資源を活かした宝飾産業。
その高度の技術力と名工の数、
そして出荷額では日本一です。
宝飾専門学校を持つのも山梨のみです。

宝飾の　技や銀河の　ごと冴ゆる
名工の　貴石に甲斐の　秋燃ゆる
宝石に　散らす万華の　冬銀河
胸元の　貴石に映ゆる　夏帽子
恋を得て　胸の貴石や　春の風

宝飾の街甲府市のモニュメント（JR甲府駅前）

金峰山麓で採れた水晶

山梨の高い技術を支える
多くの名工達

愛情と手間をかけた物を介し、人と人が繋がる。その価値を持つ伝統産業が近年、再評価されてきております。その一つである宝飾品。甲府は世界の二大宝石加工の街の一つにまでに発展しています。それを生んだのは、甲斐は古くから水晶鉱石の産地であり、研磨や貴金属の加工をする職人集団が多くおり、高い技術が蓄積されてきたからです。

現在でもその伝統が引き継がれ、日本で唯一の県立の宝石専門学校を持ち、人材の輩出と研究が進んでいます。そうした基盤によって甲府は、宝飾貴金属製品の出荷額や加工場の数、また技術者数や日本の名工の数では群を抜き全国一であります。特に宝石（ダイヤ、サファイアなど）や貴金属（金やプラチナなど）の技術は卓越しており、世界的なコンテストで多くの受賞者を出しています。最近ではそのような技術が、精密機械の心臓部である水晶発振子や絶縁体、また特殊なレンズの加工などの工業製品にも活用されています。

伝統を持つ・印章の市川大門

日本屈指を誇る
「はんこの」生産地六郷町。
この地固有の形文字と
美しい手彫り感が特徴です。
最近では自己アピールのための
新感覚の印章も人気です。

印刻の　つらぬく文字の　冴へ冴えと
秋の夜の　精緻《せいち》の限り　文字を彫る
印を彫る　指節くれて　皸《あかぎれ》る
印刻の　手元を月の　照らしをり
大寒や　息かけて押す　試作印

水晶の印刻から始まった六郷町の印章産業

ハンコ（印章）の生産は市川三郷町の六郷町を中心に江戸末期水晶の印刻から始まり、明治期には全国一の生産地となりました。その要因は、山梨が日本一の水晶の産地であり、水晶細工の先進地であったことにあります。

最近ではハンコや印鑑の領域を超えた芸術的な秀品が様々な用途に使用されるようになり、それを支える高い技術を持つ彫刻士が県内に数多くおります。これら技術の唯一無二の特徴は、独特の手書き仕上げと形の風格、バランス、美的センス、個性的風合いにあります。最近では従来の印章概念を越えた文字以外の新感覚の作風やデザインも登場し、自己主張の表現手段として若者や外国人のファンも増えています。

奈良時代からの伝統・甲州印伝

甲州印伝は国の伝統工芸品であり世界で唯一の工芸品です。燻した鹿皮の独特の柔らかい手触りと、文様、光沢、色彩は他にない独特のものです。その希少性が近年海外でも人気となり、洋服など革新的な新製品まで生まれています。

印伝の　古色にあまる　紅葉《もみじ》かな
印伝の　燻《いぶ》しの色ぞ　秋あかね
印伝の　燻し尽くして　萩散らす
印伝の　秋草色ぞ　綾なせる

鹿皮の柔らかさと高級感。強度をもつ甲州印伝。印伝屋上原勇七提供

甲州は古くから鹿と漆の特産地で、戦国時代に鹿皮の武具を創った上原勇七氏の先代が甲州印伝の起源と言われています。鹿皮に漆を付け藁などで燻蒸した独特の技法が特徴で、使い込むほど味が出ます。江戸時代には巾着やタバコ入れなどの小物の紋様は女性に人気でした。

近年では、他の工芸品では真似のできない、鹿皮のしなやかさを活かした財布等小物類の外、素材の持つ高級感を活かした斬新な洋服も人気となり、海外での需要が高まっています。

雨畑《あまはた》硯・中国を凌ぐ技術と品質

世界で一級と言われる雨畑硯。
良質の原石と七百年の歴史があり、
高級硯として海外からの注文も多いです。

硯削ぐ　寒気も削げる　極の技
雨畑の
　硯におとす
　　月の露
硯師の
　技冴えわたる
　　鑿《のみ》の音
磨ぎ澄ます
　硯渾身
　　長き夜は

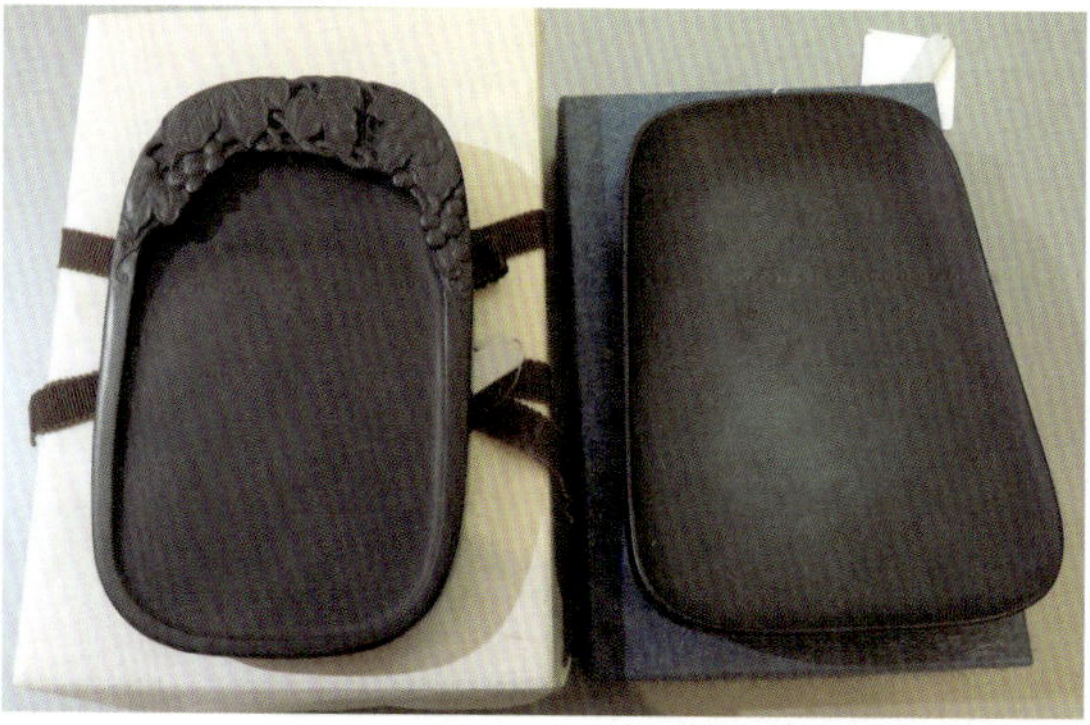

海外でも人気になっている雨畑硯。
山梨県地場産業センター提供

雨畑硯の起源は日蓮上人に関係した者の原石の発見と加工とされ、京都御所や徳川将軍に献上されていました。中国の「端渓硯」と並ぶ品質を誇り、質量感と石紋のきめ細かさと美しさです。また、石質にむらがなく、水の吸収と乗りが良いのが特徴です。さらに硯師の技術は高く、これを生むためには原石の採掘と面取りの目利き、研磨など特別の技術の蓄積があったからです。現在５人がその伝統を引き継いでおり、棋士として初めて国民栄誉賞を受けた将棋の羽生名人にこの硯が贈られています。

世界初の洗える和紙を開発・脱プラスティック、衣料廃棄問題の切り札に

市川と西嶋地域の和紙は、
奈良と鎌倉時代からの
伝統をもち、
現在も国内の
主要産地として
多種多様な製品を
出しています

山峡に　春のことぶれ　紙漉《すき》の音
紙漉女《かみすきめ》　水の機嫌を　見逃さず
水覚まし　水をあやして　紙漉女
和紙といふ　光ありけり　春の雪
紙を漉く　天衣の光　揺りおこす

稲わらや山野草などを特別な技法ですき込んだ和紙。西嶋和紙の里提供

最近、西嶋和紙製造業者の方が身延町や県と共同で、高い強度と耐水性を持つ和紙の新素材を開発しました。植物由来の原料であるために脱プラスティックと衣類の大量廃棄問題の解決の切り札としても注目されています。この身延町の西嶋和紙と市川三郷町の市川和紙は奈良時代の正倉院の書物に記録があり、信玄にも献上しています。江戸後期以降は国内の主要産地として注目され、当時の漉業者は両産地ともに村民の20%を占める盛況ぶりでした。現在も障子紙、書道紙では全国屈指の位置を占めています。市川和紙は肌のような上質紙を造る匠の集団として、西嶋和紙は稲わらを原料に入れるなど様々な工夫が行われアイデアに富んだ新製品が次々と創られています。

甲斐絹・先駆的な絹織物が時代を拓く

山梨が誇る織物の「甲斐絹織」。
平安以来の伝統技術の蓄積があり、
他産地との差別化が顕著な
軽さ、滑らかさ、腰、
光沢、風合いが特徴で、
国内トップクラスの品質を
誇っています。

織《はた》の音　里に響けり　今朝の秋
四拍子《しびょうし》に　杼子《ひし》の走りや　春を織る
錦秋の　富士を織り込む　機の音
家々の　織《き》の音涼し　川涼し
とんからかん　手織る横糸　五月富士
赤富士を　織る彩色の　杼《かせ》回る*

*杼…織機の部品

平安時代から千年の歴史を持ち、細番手、先染め、ジャカード扱いが特徴です。シケンジョテキ写真・木村泰之氏提供

甲斐絹のルーツは平安時代で、当時の法令集にも載り、江戸では井原西鶴の絵にも登場しています。

富士山麓や都留市、大月市地域産業のシンボル的存在が「甲斐絹」です。高度の品質と安さを実現したのは、伝統技術を活かした職人達の研究の蓄積にあります。例えば先練やほぐし織りで、多彩な光沢やデザインが可能となり、更に先染め、細番手技術と高密度のデザイン力が加わって、シルクの新しい可能性を生み出しています。最近では婦人服や裏地、布団地、傘などの他、装飾品やインテリア、また粋でおしゃれで多様な製品も人気があります。

また、ネクタイでは、国産の４割を占め、先染め織物の座布団地では全国シェアの半分を占めています。

第九章　山梨の個性溢れるソールフード

「甲州ぼうとう」と「おざら」・
甲州に旨いものあり

山梨の県民食である
「ほうとう」の
起源は平安時代頃で、
信玄公の陣中食だったと言われています。
稲に不向きな土地柄から
麦製品のほうとうが多く食されてきました。

ほうとうの　具を吹き分ける　白き息
家毎の　ほうとう匂ふ　秋の暮れ
ほうとうの　臭ひて子らの　家路かな
ほうとうの　子らを探しに　匂ひ来る

ほうとう（餺飥）。熱々の鍋から取り分けて食べます

昭和の時代までは、「ほうとうの匂いが誘う家路かな」、そのような光景が全県で見られました。夕飯はほとんどの家がほうとうで、その煮込む芳しい匂いが道に溢れていました。ほうとうは、うどんと異なり「コシ」はありません。麺を薄く幅広に切り、具はカボチャや野生茸など季節のものを大量に入れ、自家製のみそで煮込み、鉄鍋のまま食べます。その歴史はうどんより古く、粉食文化が生まれた鎌倉時代からです。米が貴重であった山梨では常食とされ、家ごとに異なるおふくろの味があります。特に一般的なのは、「旨いものだよカボチャのほうとう」と言われるカボチャや、さといも、キノコ仕立てのほうとうです。また小正月や節句などの祝い事では甘仕立ての「あずきぼうとう」が人気でした。また夏場の暑い時はほうとうの麺を冷やし、野菜の具を多く入れた汁で食べる「おざら」も有名です。

甲州伝統の郷土食・「甲州お焼き」他

古くからご飯の代用食であった「お焼き」「薄焼き」。
山国甲州では、米に替わる
独特の素朴な料理が多数ありますが、
お焼きはその代表的な食べ物でした。

秋ゆくや　おやきの味噌に　母の顔
薄焼きの　ぶつきらぼうな　月の膳

甲州お焼き。旬の野菜を中に詰めます

「薄焼き」は、特に米の不作時や戦時中、また戦後などの食糧難突破の非常時食として、またおやつとして広く食されていました。調理法は簡単で、水に溶かした小麦粉に重曹、人参、ネギなどを入れて焼きます。また「お焼き」は、練った小麦粉の中に味噌、餡などを入れて蒸す饅頭です。

貴重であった米の節約食としては、炒った大豆と米を共に炊く「やこめ」、押し麦が主体で米が少量の「お麦《ばく》めし」、キビが主体の「黍餅」があります。現在の健康食「五穀米」の原点と言えます。

また、富士講の客へ振る舞われたワカサギの昆布煮の「めまき」や野生の物を食する「山鳥めし」「いなごの佃煮」、水田に生息するタニシの「つぼ汁」など、伝統の郷土食が多数残っています。

煮貝とB級グルメの「甲州鶏もつ煮」

甲斐の高級珍味と言われる「煮貝」。
またB級グルメで最高賞受賞を受けた
「甲州鶏もつ煮」は有名です。

田植終へ
　気張る煮貝や
　　祝ひ膳
もつ鍋の　煮えて方言　転げ出す
縁談も　もつも煮詰まる　囲炉裏かな
山国に　春の潮香や　煮貝膳
もつ鍋や　ささらほうさら*　舌をやく

*ささらほうさら…放言でてんやわんやの意味

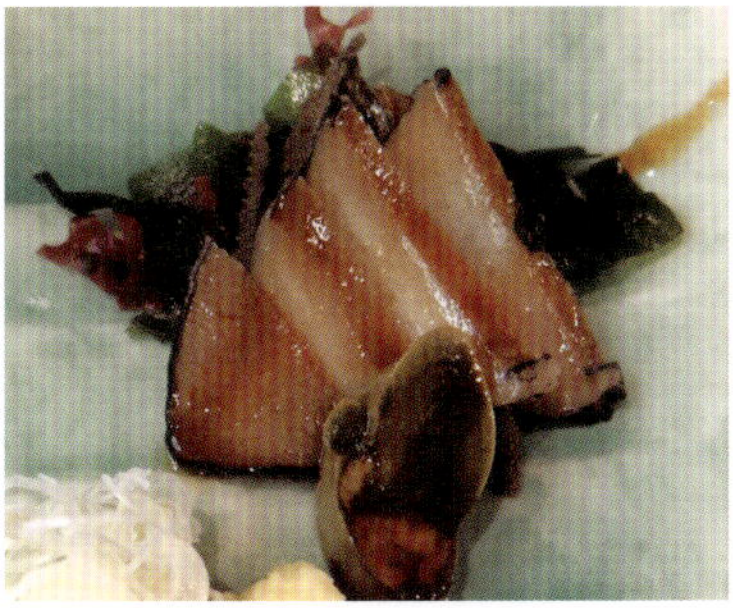

海なし県なのに有名土産品。
甲州の煮貝

煮貝は、海のない甲斐に新鮮な海の味を届けるために、江戸時代頃から駿河湾で採れたアワビを醤油のタレに付け馬の背に乗せ運んだ由来があります。深い味が珍重され、甲州の名物珍味です。

一方甲州鳥による「鶏もつ煮」は庶民の味として県民に親しまれています。特にソバとの相性が良く、ソバ屋の定番メニューです。安価で庶民の味を競う、全国B級グルメの大会で3回グランプリを受賞しています。一般の料理では鶏のハツ、レバー、キモなど内臓は捨てられていましたが、その有効活用も特徴です。

吉田のうどん・腰の強さは日本一

日本一腰の強い富士山の麓の「吉田のうどん」。六十店が個性を競い、家庭の座敷を開放しているのが特徴。富士山麓の名水と風土の庶民の味です。

雪解富士　仰ぎうどんの　箸を割る
うどん粉を　踏みて五月の　富士仰ぐ
湧水に　太く締めたる　麺の腰
うどん屋の　窓に富士置く　夏座敷
歯に応ふ　うどんは吉田　秋深む

吉田うどん。富士名水で練り、
日本一腰の強いのが特徴です

富士山の信仰と登山の拠点地である富士吉田市を中心とする郷土料理です。その他所にない特徴は、店舗ではなく個人の田舎風の座敷を開放し、家庭的な味を競って提供していることです。また麺は富士山の湧水を使い冷涼な気候の中で一日寝かせた強い腰です。トッピングはキャベツやきんぴら、馬肉など様々なメニューがあり、それが人気となっています。江戸時代からの個性ある伝統の食感が評価され、B級グルメでグランプリを受賞しています。

甲斐の誇り・その六
甲州人気質の「思いやり」・甲州方言は現在社会のスパイス的存在

第一章「生活満足度調査」で山梨は常に全国上位・豊かな山梨の人的環境

甲州方言・県民の情感豊かな気質の表れ

気さく故にぶっきらぼうでユーモアのある「甲州方言」（甲州弁）。世話好きで思いやりの方言が多いのが特徴です。
方言は親しさと信頼関係を深める地域社会のツールにもなり、また話題性において優れ、大いに山梨ＰＲに活用すべきです。

甲州弁　木の実ころがる　ごとはずむ
炎天下　背筋コピッと　点呼かな
いーさよう　笑みの広がる　花の風

肩を組み　てんでに笑ふ　甲斐の山

ぶだう熟る　ささらほうさら　夜業の灯

ワイン酌む　お皆わにわに　炉火明り

ももっちい　桃を拭きふき　選果箱

甲州方言（なまり）番付表

張出大関　粘土節前句　ねんどお高やんが　来ないなんて言えば

横綱	おようだけ	〈午后の間食〉
大関	やなあさって	〈明後日の次の日〉
関脇	けんごうず	〈米のとぎ汁〉
小結	とうねっこ	〈一歳位の小馬〉
前頭	なからます	〈甲州ますの一種〉
〃	びんたく	〈やけどの痕〉
〃	おじょうもん	〈年頃の娘〉
〃	やくばん	〈煙草盆〉
〃	ふんごみ	〈ももひき〉
〃	けでえ	〈みの〉
〃	きびしょ	〈きゅうす〉
前頭	ひょうな	〈にわとりのひな〉
〃	はなかっさん	〈花嫁〉
〃	ひじろ	〈いろり〉
〃	まるたんぼう	〈丸い木の棒〉
〃	ちく	〈げんこ〉
〃	あこい	〈かかと〉
〃	いせき	〈むこ〉
〃	もしき	〈薪〉
〃	つぼ	〈たにし〉
〃	こさ	〈木のかげなどをいう〉
〃	きもん	〈着物〉
前頭	ほくはらい	〈灰落とし〉
〃	えんさ	〈えんがわ〉
〃	かけの	〈風呂敷〉
〃	こんどし	〈小ざる〉
〃	おなけい	〈人の妻〉
〃	うきす	〈めだか〉
〃	ふいき竹	〈火吹竹〉
〃	ありんどう	〈蟻〉
〃	おはしん	〈針仕事〉
〃	やごめ	〈寡婦〉
〃	かがみっちょう	〈とかげ〉
前頭	おぶっく	〈神仏にそなえた食物〉
〃	げえる	〈蛙〉
〃	たかし	〈竹馬〉
〃	おほうとう	〈煮込んだうどん〉
〃	てえこ	〈たいこ〉
〃	めめず	〈みみず〉
〃	くね	〈かきね〉
〃	ぼこ	〈小さい子〉
〃	のろま	〈大きなどじょう〉
〃	づんぐり	〈どんぐり〉
〃	おけいこ	〈かいこ〉

年寄

はんでめためたごっちょでごいす

しきりにたびたびめんどうです

月が出きたにおほうとうがでんとは

月がでたのにうどんが出来ないとは

行司

でんていおばんしさ

いつも下女の仕事さ

おまんもかたれし

あんたも加わりなさい

解説

甲州には方言が多い・しかもその方言の語調があらっぽい言われている・四方を山にかこまれ住時交通が不便であったためであろう・一口に甲州方言と言っても国中や郡内では違っている・新しい山梨の中に斯うした特有のナマリが今も残って居り特に農村などではさかんにつかわれているのもおもしろいことだ

横綱	わにわにしちょ	〈ふざけるな〉
大関	ももっちい	〈くすぐったい〉
関脇	いっさら	〈すこしも〉
小結	行かず	〈ゆこう〉
前頭	だめどうけんど	〈駄目だけれど〉
〃	ほうけ	〈然うか〉
〃	むかあさる	〈嫁にゆく〉
〃	ささらほうさら	〈滅茶苦茶〉
〃	ばんてに	〈かわるがわる〉
〃	ひどろい	〈まぶしい〉
〃	ええからかんに	〈いい加減に〉
前頭	よまう	〈叱る〉
〃	さきっけえす	〈物を探す〉
〃	ぶんだす	〈出発する〉
〃	やあぢゃん	〈いやです〉
〃	ごいす	〈ございます〉
〃	ぶんきもねえ	〈とんでもない〉
〃	びっしり	〈一杯〉
〃	のぶい	〈図太い〉
〃	かまう	〈いぢめる〉
〃	びく	〈娘〉
〃	おらっと	〈僕たち〉
前頭	こけえこうし	〈此所へ来い〉
〃	けえっとう	〈帰ったよ〉
〃	そうずら	〈然うだろう〉
〃	ちょうちゅう	〈正〉
〃	こぜえる	〈小さく固まって成長しない〉
〃	あかす	〈知らす〉
〃	ぶっさらう	〈なぐる〉
〃	ずでえ	〈すこしも〉
〃	うでえこき	〈腕のかぎり〉
〃	庭ならぶ	〈蚕の四眠〉
〃	くんのむ	〈喉からのむ〉
前頭	けったりい	〈くたびれたこ〉
〃	やたかしい	〈やかましい〉
〃	がとう	〈たくさん〉
〃	まっと	〈もっと〉
〃	そのいちら	〈その儘〉
〃	なにょうこく	〈何をいうか〉
〃	すっぽなげる	〈なげる〉
〃	ふんづぶす	〈踏みつぶす〉
〃	けける	〈上にのせること〉
〃	ぞぜえる	〈ふざける〉
〃	いかざあ	〈行かう〉

張出大関　粘土節前句　来たらよってくれんけ　あげらやだけんど

甲州弁番付表。横綱は「わにわにしちょし」、調子にのりふざけることの意味です。甲府市観光協会提供

「利他の精神」とは「相手を重じて共にある心」です。甲州方言は「ブッキラボウ」と言われますが、それは相手に心を許す「心の深み」の現れでもあります。ＮＨＫの朝のドラマ「花子とアン」で有名になった「こぴとしろし（シャキトしなさい）」などの山梨独特の方言は、山梨県民の気質の現れでもあります。それは民族学で、方言の多い地域は住民の共生度が高いと言われているからです。方言の近親度の番付表で横綱格では、上記の他に「わにわにしちょし（ぶざけるな）」と「おようだけ（午後の間食）」、関脇では「ももちい（くすぐったい）」と「いっさら（少しも）」などがあり、今でも多くの年配者は何気なく日常で使っていて、方言による会話を楽しんでいます。

山梨特有の「無尽会」・「困った時はお互い様」の文化

「住みたい県」で
いつも上位にある山梨。
その一つに地域内での助け合い、
思いやり文化があると思います。
それは近隣相互で支え合う
甲州特有の「無尽《むじん》」や「結《ゆい》」の
文化が背景にあります。
「無尽と言えば山梨」と言われています。
定住促進のためにも、
この支え合い文化をPRしてほしいものです。

村人は　みんな世話好き　山笑ふ
村あげて　結《ゆい》でつながる　田植かな
いいさよお　月を浮かべて　もらひ風呂

地域で助け合い支え合う思いやりのある習慣などもあり、
山梨県は「住みたい県」の上位に選ばれています

ももぶだう　向かう三軒　両隣
目尻下げ　もてなす顔や　青瓢《あおふくべ》
コスモスと　共にそよぐや　結《ゆい》の村

「住みたい県のランキング」で常に上位にある山梨ですが、その要因の一つは、近隣相互で助け合う「無尽《むじん》」と「結《ゆい》」の文化が根付いていることです。

「無尽」は庶民金融の一形態で、近隣や仲間が金や品物を定期的に拠出して積立て、いざ誰かが困ったり必要な時に支給して、援助する仕組みです。現在では、旅行無尽、趣味無尽、ゴルフ無尽、同級生無尽、商売無尽など形態も様々あり、県民の多くがなんらかの無尽に参加しており、多い人は３～５つも入っています。

一方「結」は、田植えやぶどうなどの収穫時など人手が必要な時に、近隣で互いに手伝い合うものです。また、穫れた野菜や果物、旅の土産、祝い事の品などを、隣近所に分け合う「おすそ分け」の習慣も古くからあります。

これらは山梨ではごく自然の形で日常化している慣習になっています。現在は、支え合いの文化が欠落して住みにくい社会ですが、人手不足や行政の財政不足、少子高齢化が進行する状況下では、これらは先進的な慣習とも言えます。

また、それが昨今の県外移住者からも喜ばれている一因にもなっています。

固い絆が特徴の「山梨県人会」・郷土愛と義理がたさ

同郷の温かく固い絆で繋がる、「富士の国・山梨県人連合会」。
全国に三万五千人の会員、家族や団体等の関係者を含めると約二百万人の大組織です。
また、大阪や名古屋などの各県、海外十五ヶ国の県人会も同様に活発です。
会員皆さんの熱い思いは、常なる故郷山梨の発展と見守りにあります。

同郷や　友とホタルの　夜を語る
故郷は　桃が盛りか　空仰ぐ
ふるさとの　味を守りて　鍋ぼうたう
同郷の　誇りや北風《きた》に　富士聳ゆ
同郷の　好《よし》みや桃の　お裾《すそ》分《わ》け
ふるさとの　魚追ふ春を　忘るるな
盆灯籠　回る郷里の　友のこと
甲州の　方言戻り　初電話
雁の空　仰ぐふるさと　父母は今

県人連合会の第73回総会のようす。県の進めるリニア建設、果樹振興などの支援を決議しました。山梨県人連合会提供

桃賜ふ　父母のメモ書き　ぎっしりと

終点か　待つ故郷の　黒ぶだう

まなうらに　聳《そび》く山河や　雪晴れ間

背丈越す　子らと帰省や　山笑ふ

県人会の組織としては、まず神奈川県を含む首都圏在住者で組織する山梨県人会連合会があります。その組織は、本部の下に新宿区など地区ごと、高校同窓会ごと、甲府会など出身市町村ごと、職域ごとに49の単位団体があります。また大阪、愛知、広島、京都など県ごとに、また大学ごとの同窓県人会があり、また海外にもアメリカ、ブラジル、中国、インドネシアなど15地域にあります。

活動は会員相互の親睦や郷土を知る研修、また郷土発展を支援するふるさと納税推進や県市町村の事業 PR、信玄公祭りの支援。水源を守る植樹祭。また県の非常時の支援、文化活動や学生の宿舎支援など多彩な活動が行われています。各県人会に共通した理念は、思いやりの「利他」の精神と熱い郷土愛であり、それは甲州人気質の DNA によるのではないかと思います。

大阪県人会の創立百周年の記念式典。小林一三氏などの先人たちも会員でした。山梨大阪県人会提供

甲州人とも通ずる「甲斐犬」の律儀さ

武田の武士道を地でいくような忠誠犬の「甲斐犬」。
弥生時代以前からの純日本伝統の性格を持つ犬です。

甲斐犬の
猪《い》に耳立てて
指示を待つ
甲斐犬の
吹雪の丘に
すくと立つ

天然記念物の甲斐犬

天然記念物の甲斐犬は、黒系の虎毛で山野狩り向きの保護色で、三角型の立ち耳で尾は巻いています。かつて猪やカモシカ，キジなどの猟犬であり、南アルプスの崖や急傾斜に適応した身体です。性格は飼い主への忠誠心が強く、日本刀に例えられるほどに俊敏です。極端に数が少ないですが、郷土の誇りとも言える宝です。

また、甲斐犬の特徴を活かした鹿の食害対策も期待されます。

第二章　近代日本の基礎を築いた甲州人達

東京と大阪発展の道を拓いた先人

東京、大阪の発展の基礎を築いた、小林一三、根津嘉一郎など山梨の先人達。その根底には修行者のような逆境に強い甲州人魂があります。

特に小林は日本で初めて鉄道と都市開発をセットにした創始者であり、沿線に住宅団地を建設し、また駅に商業施設などをつくり、衛星都市発展の拠点にした画期的なものでした。

また日本初の宝塚歌劇や夏の甲子園野球など、文化の先鞭をつけました。

首都の礎《そ》を　拓《ひら》きし人や　寒昴《かんすばる》
甲州人《こうしゅう》の　意地を貫く　冬芽かな
根性や　難波《なにわ》に草の　花咲かす
蟷螂の　この一徹の　不動なる
ビルの街　かつては枯野　初電車
ビルのまち　拓きし人や　月仰ぐ

大阪など阪神一体の発展の草分けとなった、小林一三の銅像。宝塚歌劇団創設など、文化の発展にも貢献しました

東京を始め各地に鉄道を造り、
都市開発をし、鉄道王とまで
言われた根津嘉一郎

甲州人気質は、平坦の土地が少なく厳しい環境を余儀なくされたこともあり、逆境に強くハングリーさや勤勉さ、行動力、独立心が特徴です。その代表的な一人が、韮崎市出身で阪神電鉄グループの創始者である小林一三です。彼は官ではできない民の持つ多様性と柔軟性で、現代日本の経営モデルを作ったことです。宝塚や神戸など大阪周辺の僻地を鉄道で結び、それに連動して住宅や商業団地、そして芸術文化の拠点まで高めたのです。大阪や神戸を含む大都市圏の創始者です。その成功例が東京など多くの都市開発のモデルになりました。また宝塚歌劇団や東宝映画、現在の全国高校野球大会の創始など日本の文化事業の草分け者です。

一方、山梨市出身で東武鉄道グループの基礎を作った根津嘉一郎は、当時荒れ野であった浅草周辺一帯に鉄道網を敷き、駅を拠点とした都市開発を行い現在の近代都市東京の基盤を造りました。同時に根津は全国24の鉄道開設にも関わり「日本の鉄道王」とも言われています。また日本で最初の地下鉄開設をした早川徳次。内藤多仲は、東京タワーや大阪通天閣、名古屋テレビ塔など世界に誇る多くの高層建築を手掛けました。その他に日本投資界の座王と言われた雨宮敬次郎や日本の銀行の草分けとなった若尾逸平など、日本経済の基盤を築いた県人などもおります。

日本初の地下鉄を建設・早川徳次「早川モデル」

現在の東京の地下鉄網の
土台を造った早川徳次。
当時被災直後、財政難、難弱の地盤、
採算性から学者や行政、財界などが
それどころではないと反対する中、
信念を貫き完成。その先見性は
「早川モデル」と言われ、
東京発展の手本となっています。

啓蟄や
　難航地下鉄
　　出口開《あ》く

汗滂沱《ぼうだ》
　地下掘削に
　　水の壁

日本で最初に東京に地下鉄を造った、早川徳次。軟弱な地盤と資金難とで、不可能ではないかと言われていた地下鉄建設を成し遂げました

地下鉄はもはや、人々にとってなくてはならない移動手段となっています。写真は東京メトロ渋谷駅のホーム

この事業が苦難の連続の中で成功したのは、「必要は不可能すら可能にする」とした彼の不屈の信念にあります。彼は、東京を地下鉄網で世界的な都市にしたいという、その壮大な計画を持ち、会社勤めの退職金を全部使って先進地イギリスを始め6か国へ調査研究のために赴きました。そして2年後、その実現に自信を付け、帰国しました。

埋め立て地の東京では地下鉄は無理とか、膨大な資金調達や採算性から実現は無理、また、無職の個人の計画は無謀などと批判されました。しかし作業工程、資金調達、また採算性を検討。半年間一人で街頭に立って交通量調査を行うなどの緻密な計画が評価され、2百余の財界人の協力で、当初予定した2倍の1千億円が集まりました。

ところが、その後経済恐慌と関東大震災により資金提供は4分に1と減り、実現は無理と言われました。そこで彼は浅草から上野の開業に計画を縮小し、工法もシールド工法から開削工法に変更。また世界初の駅と地下道に日用品を格安で販売する商業施設を誘致して資金を確保し、開通させました。

開通後は驚異的な利用者と収入がありました。その後、神田川下の工事など難問の連続でしたが、独自の発想で突破し、また世界で最初のことですが三越や松坂屋、有名ホテルに直結する駅を条件に資金不足を補い、9年の短期間で浅草から新橋間を開通させました。この間に起きた幾多の難問を突破できたのは、彼独自の先駆的手法によります。これは「早川モデル」として現在の都市開発の中に活かされています。

侵略戦争反対を貫いた石橋湛山総理大臣

短命でなかったら戦争回避も。
石橋湛山は、歴代の総理大臣の中で
唯一、軍国化や植民地支配に毅然と
反対し、平和主義を貫いた政治家です。
湛山の主張が通っていれば、
日本はあの悲惨な戦争を
回避できたかも知れません。

日本の軍国化阻止に命をかけた、政治家の石橋湛山（内閣総理大臣就任時）。山梨平和ミュージアム・湛山記念館提供

湛山は言論人また国会議員として、軍部主導の第１次世界大戦への参戦や満州、朝鮮などの植民地支配に断固反対し国民に訴えました。その一貫した平和主義は、軍国化機運の高まる中では異色とも言える貴重な存在でした。戦後は、吉田内閣の大蔵大臣などを歴任し、岸信介の米国従属と権威主義に徹底して反対し、米、中国や東南アジアなどとの国際平和外交を主張して、総理大臣になりました。就任後は平和外交や国民皆保険など日本の近代化の基礎を築きましたが、残念にも急病で倒れ、短期間で政界を引退しました。

こうした湛山の信念は、日蓮宗本山の法主の子として育ち、日蓮の反骨精神を学んでいたことや、清里清泉寮をつくったクラーク博士の哲学の薫陶、そして甲州人の不屈の気質も影響していると思います。また湛山は回顧録で、政治家の堕落を戒めています。「政治信念に徹し、選挙に勝つためや利己心、地位を得ることを自制し、他人の道具になるな。そうでないなら政治家を辞めよ」とした、現在の政治にも通ずる政治哲学を残しています。

不戦の旗《き》　立てて飛雪《ひせつ》に　たぢろがず
抗《あらが》ひて　北風《きた》に平和の　声あぐる
平和説く　人に抗《あらが》ふ　雪つぶて
軍靴の　音やひたひたと　寒もどる
不徳かな　蜜に群がる　蟻地獄

韓国民から敬愛された　浅川伯教・巧兄弟

韓国と言えば陶磁文化、その基を築いた兄弟。日本による韓国植民地の時代、韓国民の反日感情は最悪でした。その困難な中、北杜市出身の浅川兄弟は韓国民の立場に徹し、陶磁器文化の発掘や深刻化する禿山の植林を地元民を巻き込み行いました。そうした献身的な活動は、韓国民に敬愛され、現在でもソウルにある二人の墓に献花が絶えません。

日韓の　荒野拓きて　種を播く
友好の　明日の風待ち　早苗植う

コリアンの　磁器の涼しさ　萌黄《もえぎ》色
日韓の　睦みいざなふ　木の芽風
日韓の　同じ心の　月見かな
雪折れの　竹なほ明日の　空仰ぐ

韓国の民衆のために尽力した浅川伯教（左）と、荒廃した山の緑化に努力した浅川巧（右）。浅川伯教・巧兄弟資料館提供

大正の時代、韓国は日本の植民地下にあり、韓国民は日本軍部の強制同化政策によって身を縮めていました。こうした中、北杜市高根町出身の浅川伯教と弟の巧の兄弟は、体を張って韓国民に寄り添い援助しました。特に兄弟は当時韓国民すら無視していた日常使う白磁を、朝鮮民族の誇りある文化の象徴であるとして、国内700か所をくまなく調査研究して保存しました。そして兄の伯教は彫刻家の目線で韓国木工芸と陶磁器の保存を、弟の巧は陶磁の収集と林業技師として荒廃した韓国国土の緑化のため、苗木育成や植林活動を大衆を巻き込み行いました。収集した膨大な資料はソウル市内に自費で建てた朝鮮民族美術館に保存しました。その資料は現在国立博物館の重要品として保存活用されています。また兄弟の功績を残す資料館は、二人の地元である北杜市高根町にあります。

一方、日本近代文化の発展を先導した柳宗悦。彼は庶民の手仕事の美に注目し、世界初の民芸運動を創設しました。その発想の原点は、この浅川兄弟と、別記に紹介する木喰仏を介しての出会いであり、「これがなければ今の私はない」と自身が回顧しています。

北杜市高根町にある浅川伯教・巧兄弟資料館入り口。浅川伯教・巧兄弟資料館提供

甲斐の誇り・その七　日本の歴史を拓いた偉人

第一章　武田信玄の偉業の数々・現在社会にも生きている

戦国最強の信玄・その源泉は人づくり

武田信玄の凄さは、「良い面が一つでもあれば褒めて適所に登用し伸ばす」とした人心掌握術の達人であったことです。

また名言である「人は石垣人は城、情けは味方仇《あだ》は敵」の如く、部下や民衆の力を信じていたことです。

これは現在にも通ずる為政者のあるべき姿と言えます。

人は城　人は石垣　春立ちぬ
信玄像《しんげん》の　視線の遥か　京の春
先陣は　ムカデ赤騎や　春疾風《はやて》
峠は雪　内に鬼飼ふ　伊那戦《いくさ》

甲府駅前にある武田信玄像

吹雪くとも　法《のり》に従い　陣に立つ
風林の　陣旗あがるや　春一番
雪しまき　我動かざる　山の如
土用芽の　くれなゐ兵の　決起かな

武田氏の領土は、山間地で穀高の少ない不遇な地域でありました。にも拘わらず甲斐国の周辺7ヶ国を治め、戦国武将で最強の武将となったのは巧みな統治力が大きいと思います。その一例が「甲州法度」です。これは武田政治の全般に及ぶ憲法とも言えるもので、日本初の制度で、現在の民法の原点と言われています。信玄自身も武田24将の一人と位置づけられ、法度に従い、罰も受ける懐の深さです。家臣の意見を聞く合議制をとり、臆病な家臣は情報収集担当に、勇猛果敢な飯富虎昌や高坂弾正らは全身を朱の武具で纏う「赤備《あかそな》え隊」による切り込み隊長にしました。この騎馬隊による赤備え隊は「甲州の猛虎」として、中島の戦いや織田、徳川連合軍を破った三方ヶ原戦など多くの戦場で活躍し、武田最強軍団として敵に恐れられました。

またこの家臣団は、民生安定のための新田開発、信玄堤、金山開発、温泉開発などの工事に先頭に立って汗を流し、「ワンチームの武田隊」の評判は広く知られるようになりました。その信玄は三方ヶ原の戦いで徳川を滅亡の一歩までにしました。もしそこで信玄が病死しなければ、天下を取っていたかも知れません。

絹本著色武田二十四将図。上が信玄。上下隔たりなき合議制を貫きました。山梨県立博物館提供

信玄の驚くべき高速情報網・狼煙《のろし》と棒道

武田軍の強さは「戦わずして勝つ」にあります。
常時各地に忍者（諜報担当者）を潜入させた情報網にあります。
また狼煙や早馬など多様な情報伝達手段、
更に高速道並みの「棒道」網が整備されていたことによります。
また「戦いは七分が勝ち」として
余力を残すなどの高等戦略もあります。

上洛を　急ぐ棒道　おにやんま
峰々を　つなぐ狼煙《のろし》や　雷近む
密議急　せかす伝令　片時雨
城攻めを　急ぐ軍旗や　春疾風
補給は急　狼煙応ふる　黍嵐

「信玄棒道」は甲斐の他７ヶ国（４ヶ国は一部）の広域支配の要である軍用道路です。写真は、小淵沢地内の棒道

武田本陣から最初にあった司令塔的性格の「湯村山の復元の狼煙台」

武田軍は地形、規模、武器などにおいて、他国に比べて劣っていました。しかし信玄は、相手の情報などのリサーチ力に優れており、和戦両用の策、戦わずして勝った例が圧倒的に多いのです。それは日頃から忍びや僧侶、農民、商人、薬師など庶民を活用して、周辺国の食糧や治安、軍の組織、地形、人の動きなどの情報を立体的に収集したためです。

情報伝達の速さも抜群で、領内域に狼煙台を配置し、内容は煙の色の種類、合間などを組み合わせて表示し、それを早馬、旗、笛、鐘で補完しました。その速さは川中島合戦地の長野市から甲府市の本陣までの約156キロを僅か２時間で伝えていることでわかります。

また領域内に直線に近い「棒道」なる高速道を造り、進軍や情報伝達に効果を発揮しました。後にこの方法を信長が使い、軍用道路を造りました。明智光秀の信長殺害の後、秀吉が光秀打倒に向け岡山県の高松から京都の山崎までの200キロをたった10日で、しかも約3万の兵を動かした、所謂「中国大返し」ができたのは、この棒道を参考に整備しておいたためと言われています。

信玄の堤防技術・現在再評価されている先進さ

災害大国日本。近年その画期的な治水法として、武田信玄が築いた信玄堤の先見性が注目されています。それは自然の力を逆に利用した、信玄の哲学である「逆らわずして勝」とした霞堤の工法です。

台風の　荒瀬鎮める　霞堤《かすみてい》
*聖牛《せいぎゅう》の　分ける荒瀬や　秋出水
水神の　御輿荒れてや　土手を踏む
霞堤　棚引く如く　芝桜
土手幾重　水面離れぬ　月夜かな
みこし揉む　赤い襦袢や　花吹雪

*聖牛…水勢を弱める立体物で、丸太を組み、それを石で固定したもの

画期的な信玄の霞堤。堤防を三重、四重にして、荒瀬の力を削ぎます。写真は展示用の霞堤（甲府市池田町）

女装をした男神輿が、信玄堤の土手を踏みしめながら、水の安全を願う「おみゆき祭り」。
内藤博文氏提供

最新の技術で構築された巨大な堤防。それがあえなく豪雨で決壊し、各地に大災害をもたらしています。その中で信玄堤は、「水に逆らわず水を制する」とした自然の力を利用した治水として再認識されています。

甲府盆地西部の広大な平地は、釜無川と御勅使川の氾濫による被害が常態化していました。そこで信玄は、川の上流に「将棋頭」と言う積石を置いて流路を変えて、高い岩にぶっつけて流速を弱めました。また「霞堤《かすみてい》」を作り、豪雨の時は、堤防に一定間隔で設けた開口部に水を逃がし水勢を弱めて、堤防の決壊を防ぎました。一方、信玄は、常時堤防の保守管理を行う人を「竜王河原宿」に住まわせ、免税をして優遇しました。

このように地形や庶民の力を利用した治水の先見性は、信玄の「知恵を巡らし戦わずして勝」の統治哲学にあると思います。

この堤の水防祈願の祭り「おみゆき祭り」は、平安時代からの歴史があります。桜の4月には、笛吹市の一宮神社から信玄堤の三社神社までの約20キロを男が女装し神輿を担ぎ、練ってくる異色の祭りです。

甲州金は、現在の貨幣制度（額面取引）の先駆け

日本で金が流通貨幣のように使用された先駆けは
鎌倉前期の「甲州金」と言われています。
武田氏が軍用や恩賞などに使い、
それが戦国最強の武田の源泉でもありました。
この甲州金の貨幣制度は以後徳川幕府から
現在の日本貨幣取引に活かされています。

金山の　廃坑隠す　葛の花
邯鄲《かんたん》は　坑夫の声か　鉱崩れ
金山の　哀史今なほ　雉の声
川速み　涼しくをどる　砂金かな
金山の　百合も遊女の　なごりにて
金山の　坑夫の影や　秋あかね

黒川金山の坑道入口。この奥には延長2キロの縦横に走る坑道がありました

日本で最初に組織的に使われた「甲州一分金」。甲斐黄金村・湯之奥金山博物館提供

県内には約40もの多くの金山がありました。黒川金山（旧塩山市）が最も大きく、最盛期には坑が300カ所、坑口30カ所あり、上下600、幅300メートルの大規模なものでした。そこには金山衆から慰安婦の女郎までいる千軒の大集落があり、隠し金山として厳しい監視体制下にありました。それに次ぐのが湯之奥金山（旧下部町）です。これらの金山が戦国期で最強の武田軍を可能にした重要基盤でありました。またここでの金山衆がやがて江戸期の繁栄の基礎となった佐渡金山開発にも貢献しています。

また甲州金は、従前の重さでの使用から、日本で初めて刻印された額面によって価値を決める「計数貨幣」制度をつくり、また現在の10円硬貨が５枚で50円、100枚で1000円になるなどの取引基準の源にもなったと言われています。

温泉効果の先駆者・「信玄の隠し湯」

三十を超える信玄公の「隠し湯」・温泉を家臣らの
健康と軍事の戦略に重用したのは
信玄が初めてです。
それ以来、徳川など諸藩でも温泉を
統治手段の一つとして
活用しています。

隠し湯に　日のすべりくる　葛の花
信玄も　兵も月夜の　湯船かな
ラジウムの　湯こんこんと　紅葉渓
隠し湯に　浮くや秋思の　武士の首
隠し湯に　体鎮める　新樹冷
露天湯に　落つる木の実の　数あまた

傷や打撲に効くとされる信玄の隠し湯・下部温泉郷

信玄は、甲斐を始め長野、静岡、岐阜などに領国支配の重要な手段として温泉開発し、武将や用人などの負傷、健康、やる気アップなどに活用しました。特に飲泉、入浴で傷や打撲に効く下部温泉や放射性のラジウムを含む増富温泉は、負傷を始め当時不治の病であった神経痛や血液、胃腸病にも利用されました。

また温泉を戦いの戦略にも活用し、川中島の合戦の近くに造った松川温泉など各地に点在しています。有名な伊香保温泉も信玄の後継者である勝頼が整備したものです。そして安全に入浴できるように所在を隠し、「隠し湯」として管理されていました。

日本最古の日の丸と「風林火山」の旗

風林の　陣旗駆けゆく　花吹雪
先陣は　軍旗日の丸　春疾風
遠き日の　陣旗に滲む　汗の跡

武田を象徴する
「風林火山」の旗

信玄の知恵袋・恵林寺の名僧快川国師

信玄の知恵袋であった、夢窓疎石と快川招喜。
疎石は京都天龍寺などを開山した高僧ですが、若い時は甲斐で修行。
京都にいた疎石を信玄が招請し、恵林寺を開きました。
その後、快川も信玄の要請で恵林寺に入り、両師とも知恵袋として信玄を支えました。
また、両師とも、天皇から高僧として「国師」名を下賜されました。

義《ぎ》は命《いのち》　心頭滅却　火も涼し
禅寺の　四方走り根　信玄忌
孤高なる　疎石《そせき》の法《のり》や　水澄めり

結界の　うぐひす廊下　凍ててをり
世を問ひて　僧今あらず　寺の秋
禅寺に　座して已や　水澄めり
快川《かいせん》国師の　声よみがへる　蝉の声

恵林寺の山門。快川国師が壮絶な火攻めの攻撃の中で詠んだ有名な一句が刻まれています

疎石は、天龍寺、西芳寺などの庭園を造った世界史上最高の作庭家です。幼少期から19歳までは甲斐の寺で禅を学び、20歳には後醍醐天皇に請われ上京し、以後京都の南禅寺や円覚寺の僧、また天龍寺の開祖となりました。疎石に帰依した幕府の足利氏は、禅宗を全国に広め、国家仏教にまで興隆させました。信玄の菩提寺となる恵林寺の開山にも関わり、また、信玄の助言者でもありました。更に、甲斐の長禅寺、法泉寺、慈雲寺などの復興にも関わりました。疎石の作庭は、自然明望の池泉石が特徴で、疎石は京都や甲斐を始め各地の有名な寺の庭園を造り、日本の誇る庭園文化の基礎を造りました。

一方の快川国師で有名なのは、「心頭滅却すれば火も自《おのず》から涼し」の名言です。織田信長は、勝頼の死後、快川が反信長の武将や僧を恵林寺に匿っているとして、僧ら120人余人を山門の2階にあげ、焼き討ちにされた時の言葉です。この焼き討ちは、快川が当時の天皇にとって大変重要な存在であったことの現れとも言えます。

武田家が庇護した神社と寺院

信玄自身が、仏教の法名「信玄」を名乗るように、歴代の武田家は仏教文化に憧憬があり、「甲府五山」を始め領国の各地の寺々を建立し厚く庇護しました。

信玄の館のある甲府市内（府中）には、武田家と関係の深い五寺があります。

家臣墓《ぼ》に　散り敷く花の　冥利かな

武田家の　寺歴隠るる　苔の花

茶禅会の　武田作法や　菊日和

勝頼を　忍ぶ古刹の　虫しぐれ

節分の　甲府五山に　人の波

禅寺を　まだらに染める　冬紅葉

涼新た　久遠の径の　窸窣と

能成寺。武田信守の菩提寺

甲斐武田家発祥に関わる武田八幡宮

長禅寺。信玄の人間形成に多大な影響を与えた寺です

円光院。信玄の正室、
三条夫人の菩提寺

東光寺。信玄の
長男、義信の墓
があります

武田八幡神社。武田家の祖・源頼信以来、武田家が崇拝した神社。日本武尊の子である武田王が、この地に御殿も設けたのが武田の地の由来とのことです。また戦勝祈願の神社として、信虎、晴信（信玄）、勝頼より厚い信を受けていた。正室の北条夫人が勝頼の武運の祈願文を捧げたのもこの神社です。

能成寺。信玄の父、信虎の曽祖父である武田信守の菩提寺。本拠地の石和から甲府の躑躅ヶ崎館に移し、現在に残る甲府城下町を整備しました。信玄の幼少期はこの寺の僧より多くを学びました。

長禅寺。五山筆頭の寺で、住職の元伯は信玄の幼少期より学問や政道の師であり、また本名晴信に「機山信玄」の法号を与えています。

円光院。信玄の正室、三条夫人の菩提寺。夫人は天皇の命で嫁いだ公家三条左大臣の次女です。

東光寺。信玄の長男、義信が幽閉され、その後、切腹させられた寺で、義信の墓があります。

法泉寺。夢窓疎石に帰依した武田信武が開山し、禅宗国有化の管寺制による有力寺院の一つの名刹です。武田家の初期からの菩提寺で、信玄の後継となった武田勝頼の菩提寺でもあります。

勝頼は信玄を凌ぐ戦略家・領土を最大にした

勝頼の新府城の戦法は大坂城の「真田丸」に継承されています。悲哀の義経を連想する、武田勝頼の生涯。しかし信玄よりも更に領国を広げ、果敢に天下取りに挑んだ。最後は、戦国最強と言われた名門武田家が滅びゆく中での悲運の名将でした。

新府城　囲む敵騎か　桃の花
新府城　追はれし雁の　行方かな
勝頼の　自刃《じじん》を惜しむ　蟬しぐれ
願文《がんもん》に　託す武田や　月の暈《かさ》
勝頼の　亡き城なれば　蝶に逢ふ
勝頼の　こと切れし谷　夏落葉
降りながら　消えゆく雪よ　勝頼よ
勝頼の　無念沁み入る　蟬の穴

武田勝頼への願文碑（武田八幡神社）

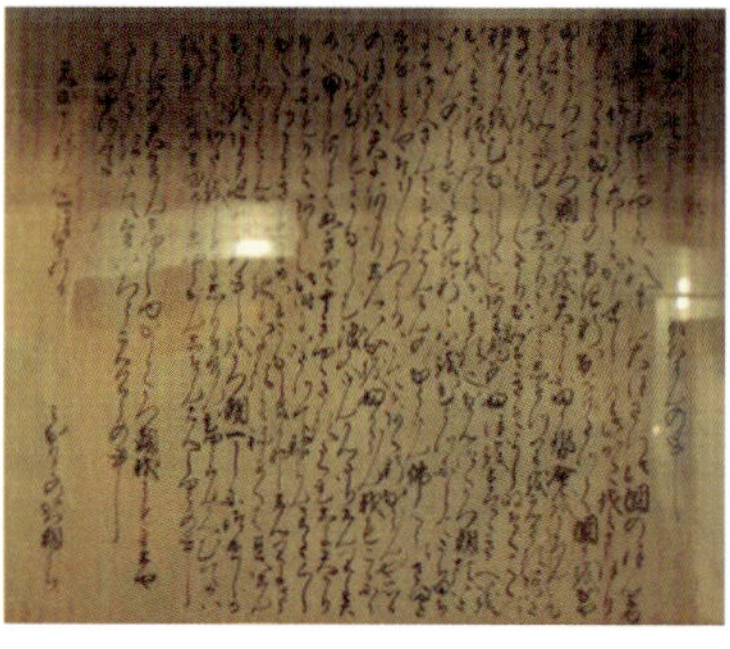

「北条夫人の願文」。勝頼夫人が、武田の再起を必死に神に願った、悲壮なる文です。武田八幡神社販売の願文の複製

武田終焉の地・景徳院に立つ、勝頼と夫人、嫡男の墓。甲州市大和町の景徳院

信玄は時の将軍足利義明からの織田信長打倒の要請を得て、天下取りに向け京都への上洛を開始しました。駿河の今川氏に次ぎ、現在の浜松市三方ヶ原で織田・徳川連合軍に勝利し、これで天下取りにあと一歩までになりました。ところが、信玄の急死で京都上洛は実現しませんでした。その後急遽、勝頼が後継者となりました。本来後継は長男、次男ですが、長男は謀反の疑いで粛清され、次男と三男は身体的な欠点があったために、予定外の四男の勝頼が当主になりました。勝頼は思いやりがあり、民衆の信頼を得た知略家であり、信玄亡き後約９年間、信長の城７つを攻略するなど領国を拡大しました。また徳川・織田の連合軍に対峙するために、甲府にあった政庁、躑躅ヶ崎館を移し、現在の韮崎市内に新府城を構築しました。この「馬出し」など築城技術は、部下であった真田信繁が築き、難攻不落で有名な大坂城の「真田丸」に継承されています。

その後勝頼は、再度天下取りを目指し、現在の愛知県内の「長篠の戦い」で織田・徳川連合軍と対峙しました。しかしこれに敗れて以降、強者揃いの家臣団の中に謀叛者が出ました。勝頼の正室・北条夫人はこれを憂い、武田八幡に必死の願文祈願をしました。しかし事態は悪化し、勝頼は自ら城に火をかけ、再起を図るべく撤退しました。が、その途中で家臣小山田氏の謀叛にあい、最後は現在の甲州市の天目山で妻子と共に自害し、武田家は滅びました。

東北地方の南部氏の文化、その祖は甲斐源氏

南部氏が起こした鉄器、刃物など
岩手県など
東北北部に残る
高い文化と産業。
その南部氏の祖は
甲斐源氏です。
その代表は
鎌倉時代に起こした
「南部文化と鉄器生産」です。

南部氏の　祖は甲斐源氏　種を蒔く
タンポポの　綿毛いづこへ　人もまた
甲斐の種　播かれ異郷の　お花畑
甲斐源氏　発祥の墓碑　かぶと虫
（岩手県櫛引八幡宮にて詠む）

甲斐源氏の影響もある南部鉄器。
名工による様々な名品が盛岡、
八戸に多くみられます

南部氏の祖先は武田家の礎である甲斐源氏の武将、南部光行です。光行は現代の山梨県南部町周辺を治めていた武将で、幕府の名で東北に移籍したのです。治めたのは現在の盛岡、遠野など岩手県北部と青森西部一帯です。八戸市の櫛引八幡宮の国宝の鎧兜などがその歴史を伝えています。

北東北の最大の戦国大名となった南部氏は、他の戦国大名と違い「武より文を重んじ」、儒教や茶道、華道など特異の文化を発展させました。そのきっかけは南部光行が甲斐より名工の鋳物師を招き、人材を育て、包丁や鍬の他、鉄瓶、鐘、武器の鋳造を広げ、更に湯釜や茶器の鋳造で茶道文化を発展させました。甲斐と東北の南部氏との繋がりの深さを裏付ける資料として、八戸市の代表的な観光地である櫛引八幡にある古文書や国宝の「赤糸威大鎧 菊一文字大鎧」で証明しています。そうした縁もあり、現在でも青森県南部町と山梨県南部町との交流が続いています。

県内最大の信玄公祭り、甲州軍団出陣行列

出陣の　軍配あがる　花嵐
出陣の　新樹鎮もる　攻め太鼓
出陣の　法螺《ほら》鳴りどほす　花吹雪
花吹雪　我出陣に　憂ひなし
出陣の　声に鎮もる　桜花
陣旗の　風林火山　青嵐

山梨発信の創作イベント・「風林火山演舞コンテスト」

県内最大のイベント信玄公祭りで沿道を行進する「甲州軍団出陣」。この軍団の規模は、ギネスで世界一です。

また、同時開催の「風林火山のパフォーマンス演舞」は、五十～百人規模の団体が二十五団体、舞台で演舞を競うコンテスト。

また、その団体が一斉に沿道で演舞する勇壮さは見事です。

軍団約千人が、甲府市内のメイン通りで行軍します。
やまなし観光推進機構資料より

若連の　演舞はじける　花嵐
花吹雪　跳ねる太鼓も　踊り子も
花吹雪く　道を分け行く　武者踊り
法螺鳴らし　踊る武勇や　山笑ふ
花笠に　隠るる妖女　武者踊り

桜吹雪の中、県内外からエントリーした団体が、信玄武勇の演舞を競います。武田節音楽祭実行員会提供

甲府中心街の沿道で、コンテスト出演者千人が、ヒートして演舞を披露。武田節音楽祭実行員会提供

信玄公祭りは、信玄公の命日に併せて4月始めに甲府の中心街で行われる県内最大の祭りです。桜満開の中での千人以上の甲冑姿での騎馬隊や足軽などの軍団の出陣によって、街全体が戦国時代にタイムスリップします。特に信玄と武田二十四将の騎馬隊や信玄の正室三条夫人隊などの隊列は、勇壮にして華麗です。併せて行われる「風林火山パフォーマンスコンテスト」。信玄公の勇壮な風林火山の世界を、曲と踊りと衣装で表現し競い合います。その後カラフルな衣装の出演者が甲府市内の沿道に出て一斉に踊る「ストリート演舞」は圧巻です。飛び入り参加も自由にできます。このイベントの特徴は、他県のよさこい踊りなどの真似ではなく、山梨の文化に根差した山梨発信のものであることです。

第二章　日蓮聖人は日本のイエスキリスト的存在でした

命を惜しまず庶民救済・京都人のなんと七割が日蓮に共感

鎌倉時代は、飢餓と疫病、戦乱の中で末世の状態にありました。
日蓮は民衆救済の立場で改革策を幕府に提出しました。
しかし幕府はこれを逆恨みし、
死罪告知や三度の流罪や拷問などの弾圧をしました。
日蓮は命をかけて、庶民救済のために
敢然と立ち向かい、全国辻説法を行い、
当時京都民の約七割が日蓮宗を信じたと言われる程
驚異的な信頼を得ていたとのことです。

妙法蓮華経《みょうほうれんげきょう》　溶くや凍土も　憎しみも
流刑の　法華貫く　寒北斗
辻説法　雪のつぶてに　立ちつくす

日蓮聖人像。聖人は「無南妙法蓮華教」こそが功徳（善行）の全てと説いています。静岡県内の実相寺の像

踏まれても　草なほ明日の　花咲かす
説法に　立つ火柱や　カンナ咲く
冬木立　流罪日蓮　たぢろがず
日蓮の　悟り請《こ》ふ道　凍かへる

　幕府へ進言した「立正安国論」は、庶民の窮状救済と、このままでは他国からの侵略が必ずあると予言したものです。当時幕府は、一部大寺院などと癒着し、難問解決を加持祈禱に頼っていました。日蓮は、幕府のやるべきことは具体的な政策であること、末世の克服は釈迦の「法華教」の精神に立つべきだと説きました。これに対し、幕府や幕府の庇護を得る多くの大寺院から弾圧や嫌がらせがありました。更に極悪の僻地である佐渡島などに３度も流罪され、何度も牢獄刑や他宗派による暴徒で重症を負いました。しかし日蓮はこれにめげず、全国を単身行脚して、辻々に立ち「辻説法」を行い、庶民救済を訴えました。事実、８年後には日蓮の予告通りモンゴル帝国の日本侵略が現実化し、その先見性が証明されました。

　日蓮のこうした生き様に共感の輪が広まり、信徒が全国で200万人に、寺院は5000余となりました。特に大規模寺院が密集する京都で、何と京都人の約７割余が日蓮宗を信じていたと言われています。こうした日蓮の不屈な信念は、その後、信者であった尾形光琳、俵屋宗達、長谷川等伯、狩野派などの感性にも影響し、また宮沢賢治は日蓮の法蓮華経を信じ、東京の街頭で辻説法までしており、賢治の思考の原点に日蓮の存在がありました。また、日本の侵略戦争に反対し平和主義を貫いた政治家石橋湛山にも影響しています。更に日蓮の「辻説法」は、現在の遊説の原点とも言われています。

日蓮宗総本山・身延山久遠寺
焼失前は巨大な宗教都市

日蓮の荘厳なる聖地・身延山。
樹齢五百年余の杉の谷と
山に抱かれた
広大な修行の場です。

残り雪　千日講の　歩幅ほど
寒行や　滝は大きな　鞭のごと
托鉢の　列ゆらゆらと　日の盛り
糸ざくら　舞ひ散る日蓮　浄土かな
日蓮と　落葉踏む音　分かちをり
宿坊に　一会桜と　湯葉づくし
荒行の　素足の歩幅　凍ててをり
凍滝の　なか一塊の　荒行僧

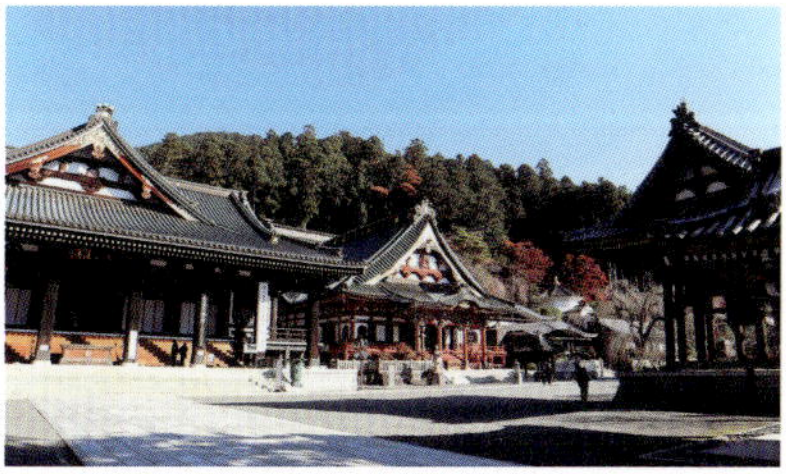

身延町内にある身延山は、広大な山と谷の中にあり、門前町、多くの伽藍、宿坊など歴史遺産が詰まっています

全国に多くの末寺を持つ、日蓮宗総本山の久遠寺。日蓮の教義の3分の2はここで執筆されています。総門をくぐると門前町があり、その奥には知恩院と並ぶ日本三大門の一つである三門が聳え立っています。高さ104メートルの壁のような287段の石段を登ると、本堂や大仏殿など大伽藍のエリアです。多くの建物の中には国宝の立体曼荼羅など重要文化財が納められ、庭や西谷にある多くのしだれ桜は圧巻です。また西谷エリアには、日蓮の祖師堂のほか多くの寺院があり、一般開放の20もの宿坊もあります。ロープウエイで登ると、日蓮の父母のいた房総を拝する奥ノ院があり、富士山の展望は最高です。江戸期の大火以前は150もの伽藍があり、一大宗教都市でした。再建後の今も、広い身延谷に大伽藍が並び、独自の大学まで持つ一大聖地です。

身延講のメッカ・赤沢宿と七面山

日蓮宗の霊山、七面山。
頂上に神殿があります。
参拝者達は、まず麓の講中宿の赤沢宿で
身支度や宿泊をして登山します。
当時の最盛期には千人もが宿泊し
登山する盛況ぶりでした。

講宿の　白足袋揃ふ　菊日和
霧分けて　団扇《うちわ》太鼓の　登りくる
七面《しちめん》山の　修行の岩場　囀れり
軒毎に　千社の札や　坊涼し
赤《あか》馬酔木《あせび》　山伏室《むろ》に　草履解く
講宿の　草履干しゐる　夏《げ》明きかな

身延山と七面山の参拝者の宿として栄えた赤沢宿。国の重要伝統建造物群に指定されています

七面山は南アルプスの一角にあり、標高1900m余の山岳修行の霊山で、日本二百名山の一つです。頂上近くには、修行の場の敬慎院と宿坊があります。急登の道には石仏が並び、約４時間の登山道で、頂上の富士山等の展望とご来光は最高でハイカーにも人気の山です。

身延山からこの山に至る身延講道の中間地点の急傾斜地に、石畳の赤沢宿があります。江戸期には40戸の集落に江戸屋など旅籠が８軒あり、１日1000人もの参拝客が宿泊しました。現在でもその面影を残し利用者も多く、国の重要伝統建造物群の指定を受けています。

甲斐の誇り・その八
山梨の古代の文化と古道や峠

第一章　甲斐は古代日本の先進地でした

縄文遺跡の数・日本でトップクラス

縄文遺跡王国の山梨。
全国屈指の高い文化を誇っていました。
特に土偶の数の多さは群を抜いて多く、
山梨は土偶の宝庫とも言われています。

花風を　孕む土偶の　深眠り
縄文の　礎石立ち伏す　秋の声
発掘の　土偶の叫び　秋深む
*爽籟《そうらい》や　土偶どれにも　鼻の穴

*爽籟…爽やかな秋風音

様々な形の土偶。山梨は土偶の密集地。釈迦堂遺跡博物館提供

蕎麦の花　後円墳を　際立たす
縄文の　礎石陽炎《かげろ》ふ　夢の跡
縄文の　あの日を燃やす　曼殊沙華

水煙文土器。釈迦堂遺跡博物館提供

5000年前の縄文中期（縄文文化の絶頂期・エジプトのピラミッド時代）には、八ヶ岳山麓を始め甲府盆地周辺に高度の文化が花開いていました。それは900以上もの全国屈指の遺跡群や数十万点の土器、土偶などが発掘されていることで証明されています。特に八ヶ岳周辺には青森三内遺跡と並ぶ600もの遺跡があり、１集落で150軒という大規模のものもあります。また世界的に珍しい顔装飾や出産の瞬間を描いた土器は、女性への尊敬を現したもので、高い文化の民族が繁栄した証拠でもあります。

中でも釈迦堂遺跡では、文化の高さを示す祭事用の土偶が1100余も出土するなど、単独遺跡では全国で最大のものです。その突起や渦巻などの高度な造形の土器や複雑な遺構は、大変見ごたえがあります。大きな争いもなく約１万年続いた縄文時代は、かつてないことであり、戦争と争いが絶えない現代社会、この時代から老子の言う「足るを知る」のヒントを得てほしいものです。

山梨県民のルーツ・「積石塚古墳」

朝鮮の文化伝来を示す積石塚古墳。県内各地の地名、例えば巨摩、駒などの地名も、この文化に由来しています。

積み石は　渡来のあかし　走り梅雨
積み石の　遺跡の空を　燕くる

古墳時代頃、渡来人により朝鮮半島の高句麗の人と文化が山梨に入っていました。それを証明する積石塚古墳が、甲府市横根桜井に145基あります。中巨摩郡や甲斐駒、黒駒、志摩などの地名もこれに由来していて、朝鮮との歴史的繋がりの深さがわかります。

積石塚古墳群。馬の歯の出土は渡来文化の証しです。甲府市横根町。
甲府市教育委員会提供

第二章　山国山梨の発展を支えた、古道や街道、峠

隣国と結ぶ甲州街道や古道の数々

甲州の古道は八十路以上もありました。その内他国との道は甲州街道など八道が、信仰の道では富士山、身延山、金峰山など十五道、その他の道五十ほどありました。

甲州街道は江戸五街道の一つで、徳川将軍の緊急避難路でもあり、そのために東京の八王子に防衛隊まで配置していました。

幾人《いくたり》の　宿場行き交ふ　秋風も
本陣の　奥の高座や　虫の声
旅人に　見なれぬぶだう　軒の柿
街道の　石の駒留　走り梅雨
富士講の　馳走や犬目の　とろろ汁
菜の花に　講列はぐれ　甲州路
夏草の　甲州道中　笑み地蔵
雪しまく　越すに越されぬ　笹子径

甲州街道の台ヶ原宿。今でも古い民家や蔵が点在しています

富士川水運。中央線開通前の重要輸送路でした。村田和夫氏提供

甲州街道から古道への入り口

古道としては、大和朝廷の官道であった現在の新宿を起点に、府中、檜原村、小菅、大菩薩峠から甲府酒折宮への古甲州道。また府中から多摩川源流、大菩薩、甲府への青梅道。平安期では静岡県足柄から富士吉田を経由して笛吹市の国府や甲府酒折宮への旧鎌倉道。金峰山信仰の長野県や埼玉県からの御岳道。鎌倉期では身延山講の静岡県富士市からの身延道。信玄が造った信濃国への棒道を始め周辺国への道９筋などです。江戸期以降では、日本橋から新宿、八王子、甲府、諏訪宿までの甲州街道。富士講での甲州街道の大月から分かれ富士吉田への富士講道などでした。

また、甲州街道の関所を通らない裏道として、上記の古甲州道や青梅街道が庶民には人気でした。また雁坂峠を経由し荒川沿いを下り埼玉県の秩父市への秩父往還、北杜市比志を経由して長野県川上町への小尾街道、精進湖を経由して静岡県富士宮への中道街道（別名魚街道）、富士川沿いを経由して静岡県富士市への駿州街道などがありました。

これ以外には、若彦路、御坂道、笹子道、逸見路、穂坂道、湯之奥金山道、黒川金山道など約50路がありました。

また、中央線が明治期に開通する以前の甲府盆地の物流の輸送路は、富士川を使っての船輸送でした。急流で12の難所がありましたが、約３時間で海まで下る速さでした。

峠は人と物の重要な交流拠点

古代から中世の頃、外部から
甲斐へのアクセスの
ほとんどは峠越えでした。
また、峠は物流の
中継場所であり、
他国との交流の
拠点でもありました。

腹擦りて　伝付《でんつく》峠　雁帰る
荷を降ろし　峠の茶屋の　丸火鉢
笹子径　越えて眼下の　桃の花
背負ふ荷を　渡す峠や　山笑ふ
卯の花の　峠賑はふ　風の音
雛鶴の　峠越え行く　月の径

秩父街道の難所、雁坂峠。日本三大高所越えの峠

峠とは、山を登り詰めた山越えの鞍部です。中世以前の旅は木曽川など大河川や谷沿いの径は、地形の険しさや洪水などで通行が不可能でした。そこで最短ルートの径として、山越えの径《みち》が主流でした。その国と国の境にある峠は物流の交流拠点でもあり、茶屋や坂神が鎮座していました。特に山国山梨にとって峠は重要でした。秩父往還の難所「雁坂峠」は、日本の三大高所の峠として有名です。また奈良の都からの径は、現在のリニア線の予定路線に近いルートの山越えの径で、長野県の大鹿村から井川上流を経て山梨県早川町に至るものでした。途中には南アルプスの中心部にある伝付峠がありました。その他国境越えの道では、信州との境にある大弛峠や信州峠、静岡との境では安部峠や篭坂峠、神奈川県との境では三国峠、白石峠などがありました。県内にある峠では、右左口峠、御坂峠、笹子峠、夜叉神峠、柳沢峠、山伏峠、雛鶴峠、二十曲峠など大小含めて300以上あり、現在でもその多くが使われています。

甲斐の誇り・その九
全国へ発信・山梨固有の文化

第一章　金峰山《きんぷさん》信仰・東日本を代表する修験道の聖地

金峰山と金桜神社は、日本の登山と山岳信仰の起源に関わる歴史があります。それは修験道の開祖の歴史をもつ奈良県の吉野桜で有名な金峯山寺（熊野修験道の入口）と同系の神社だからです。
また、金運の神として、更に山梨の水晶産業の起源の場所でもあります。

峰入や　草鞋正して　霜の道
稲妻に　浮かぶ奥宮　峰の石
崖登る　修験者軽し　秋の天
神木の　うこん桜や　蝉時雨
法螺貝に　秋の山々　鎮もれり

金峰山信仰の象徴である頂上の五丈岩

甲府御岳町の、金桜神社。金峰山信仰の里宮です

平安期に山岳宗教の開祖と言われる役行者《えんのぎょうじゃ》が開いた、奈良県の千本桜で有名な吉野の金峰山寺。蔵王権現を祭神とし、その一つが甲斐国の金峰山上に祀られ、里宮が現在の山梨市杣口の金桜神社です。その後、疫病の蔓延の退散と息災を祈り金峰山頂に本宮が、里宮として甲府市北部に金桜神社が創建されました。また金運も神の力とされ水晶玉が祀られました。

中世以降そうしたご利益と修験道の聖地もあって全国から詣でる者を集め、その隆盛ぶりは後の時代盛んになる富士講の先駆けでもあります。その参道は山梨、長野、埼玉県から幾筋もあり、その中で主要の参道が御岳道でした。甲斐市の旧睦沢（上り道）と旧吉沢（下り道）から金桜神社への桜並木の道で、その入口にある吉沢の常説寺には順徳上皇の特使が使った「白輿」が保存されています。

また山頂近くから平安期の古銭や水晶玉、神剣などが発掘されています。一方修験道の開祖である役行者《えんのぎょうじゃ》の最古の彫像が、なんと甲府市右左口町の円楽寺にあります。

第二章　日本の歴史に残る、異色の文化人

木喰《もくじき》上人の木彫・柳宗悦《やなぎむねよし》はロダンと並ぶ世界的な木彫美と評価

全国各地を遊行し、千体の微笑仏を残した木喰上人。煮炊きをした食を一切絶ち、野宿をしながら行く先々で微笑の木喰仏を彫り、また和歌を詠んで、庶民の救済と安寧を説いた遊行の僧でした。

小春日や　まんまる丸き　微笑《みしょう》仏
木喰の　後ろ暮れをり　蕎麦の花
世の中は　捨ててこそ聞け　地虫かな
宿を乞ふ　いいさいいさよ　月の客
贅《ぜい》を断ち　木の実の鍋の　豊かさよ
木喰の　笑みて秋風　聴きてをり
木喰《もくじき》上人の　草屋に余る　秋の月
秋澄むや　心は小川　泡のごと

木喰上人作の木彫仏。人を和ませる、その多くが「微笑仏」です。身延町教育委員会提供

木喰上人作木彫物『日蓮上人』。身延町教育委員会提供

「笑むことで庶民を救済する」の仏の世界を説いた先駆者、木喰上人。江戸末期、木喰上人は身延町の丸畑の農家に生まれ22歳で出家し、56歳から93歳まで全国2万キロを遊行し、千体もの仏像を彫りました。この仏像の最大の特徴は、全てが荒削りながら愛嬌に満ち微笑をたたえた素朴な表情であること。またそれを子供がオモチャ遊びする親しさもありました。

上人の和歌「まるまると　まるめまるめよわが心　まん丸丸く　丸くまん丸」が示すように、庶民を微笑で救済したい願いが込められています。

その生き様は、「円空」を超える奥深さがあり、自らは「木喰戒」を貫き、五穀や火の入った食物、肉魚、塩味を断ち、木の実や果物のみで通しました。柳宗悦が無名の庶民の造形美を芸術に高める「民芸運動」を創設した原点は、木喰仏に驚嘆したのがきっかけとのことです。柳は武者小路実篤らと日本の近代文化芸術の礎と言われる「白樺」の設立同人であり、この木喰仏の美は「ロダン」と同等であると賞賛しています。

上人の生誕地の身延町丸畑には、木喰の里・微笑館があり、多くの木喰像や資料が公開されています。

山崎方代《やまざきほうだい》・放浪の詩人・教科書にも載る

失明、貧困、孤独の中で
ユーモアを貫いた
放浪歌人・山崎方代。
教科書にも掲載されました。

キリギリス　方代一人に　なりきれず
方代の　その後は知らず　雉の声
方代か　桑の実分けて　瓢顔《ふくべがお》
ほつほつと　路傍の花や　方代忌
放浪の　今日の影おく　望の月
方代の　なんじやもんじやや　涼しき樹
方代の　帰り待つ村　桑茂る

漂泊の歌人山崎方代。自らを「不要人」と言う、切ない程に人間味溢れた魅力があります。甲府市右左口町資料館提供

戦争で右目失明、左目は強度の弱視。街頭で靴の修理をするなどギリギリの生活をしながら各地で素朴な歌を詠んだ無欲で「漂泊の歌人」です。身近な題材を口語体でわかりやすく詠う口語短歌の先駆者として高校の教科書に載り、映画にもなっています。その作品は、

戦争が終ったとき馬より劣っていると思い知りたり
死ぬほどの幸もなくひっそりと障子の穴をつくろっている
ふるさとの右左口《うばぐち》郷は骨壺の底にゆられてわがかえる村

（『骨壷の底にゆられて：歌人山崎方代の生涯』江宮隆之著：河出書房新社より）

など独自の世界観です。

方代の生誕地は甲府市右左口《うばぐち》町で、そこには資料館もあります。

第三章　民俗文化や伝統行事・自然と人との交流文化

庶民芸能・県内各地に約二百余残る

「天津司の舞」・国の民俗文化財の
指定第一号です。
「天津司の舞」は、日本で現存する
最古の芸能と言われています。
それが田楽となり、田楽がやがて
浄瑠璃、猿楽、歌舞伎、各種芸能へと発展しました。
現在の多彩な舞台芸能の
原点とも言える貴重な芸能です。

花の風　誘《いざな》ふ簓《ささら》　天津司《てんづし》舞ふ
花吹雪　誘ふササラや笛太鼓
花の風　身振り懐しき　津司の舞

甲府市小瀬町の諏訪神社等で行われる「天津司の舞」。甲府市観光課提供

甲府小瀬町に伝わる人形芸です。それが生まれたのが鎌倉前期頃と言われています。その貴重さから、この舞が日本の民俗芸能の原点であるとして、国の重要無形文化財の指定第１号になりました。この舞は古典的で、「天津神」が天から下り立ち、舞い遊ぶのを表現しています。その舞は、長い竹の先に等身大人形を着け、９体の人形が２、３人の扱いで田楽曲芸などを舞います。ささらや笛太鼓などの田楽囃で、高幕を舞台にして踊ります。田楽は全国各地にありますが、人形で演じる民芸としては一番古く、特異なものです。

市川團十郎発祥の地は、山梨県市川三郷町

初代團十郎（本名は堀越）の誕生は、曾祖父の堀越十郎家宣の存在が大きいとのことです。その堀越十郎は武田信玄家臣で旧三珠町を居とし、武田軍の芸能（能楽）の師でもありました。その影響もあり、芸名の團十郎の「十郎」は曾祖父の名前からと言われ、また市川家の「三升家紋」は信玄が考案した一升枡《ます》（1升は京升3升分の量）が由来とのことです。

成田屋の見得の鬼面《きめん》や初舞台

市川家の家紋である三升枡（信玄の1升枡分と同じ量）

昭和59年11月に行われた「市川団十郎発祥の地」記念式典での団十郎と海老蔵。市川三郷町歌舞伎文化資料館提供

甲府での歌舞伎、全国に先駆けて公演

江戸期、甲府は「小江戸」と呼ばれ、
江戸の文化が一早く導入されていました。
それは主に甲府は徳川幕府の直轄地であり、
次期将軍候補のような人が
領主として派遣されていたからです。
そのため、当時江戸で大流行の歌舞伎が
全国に先駆け甲府で公演されていました。

亀屋座に　上がる呼び旗　空っ風
どんどの火、路地に広重　飾り幕
獅子舞の　覗く曲芸　仕切り幕
成田屋の　顔見せ行列　道祖神祭《どうそさい》
山越えて　父母も加はり　初歌舞伎
初詣　行きかふ歌舞伎の　舞台裏
成田屋の　見得の鬼面《きづら》や　初舞台

江戸期の甲府柳町
道祖神祭の賑わい。
狭陽文庫資料より

当時庶民の生活は苦労の連続の日々であり、テレビラジオのない時代でした。そんな時代、小正月に行われる甲府城下の道祖神祭は、唯一非日常の「ハレ」の場でした。それは盛大で、安藤広重が甲府のために描いた長さ10メートルの飾り絵幕を市内に張り廻らせ、出店や仮小屋での小劇や狂言などが行われ、中でも「亀屋座」「三井座」などや芝居小屋での歌舞伎は大人気でした。また当時は団十郎（成田屋）など江戸で有名な歌舞伎役者が、まず甲府で初披露し、その後江戸公演をするのが慣例でした。

庶民による「地歌舞伎」・禁止令下も隠れて公演

江戸時代中期以降、旧塩山地区の「鶴命座」や旧山梨地区の「亀甲座」など甲府以外の地にも、歌舞伎座がつくられました。
一方庶民は、金をかけずに楽しむ、地元民の役者で、仮の茅小屋などでの公演による「地芝居」も盛んでした。

村歌舞伎　袖に別れの　小夜しぐれ
里神楽　まなじりに紅　夕おぼろ
若衆の　濡れ場歌舞くや　村芝居
村歌舞伎　雪に褪せざる　恋飛脚
村あげて　歌舞く野舞台　月上がる
恋歌舞《かぶ》く　遊女の指の　皸《あかぎれ》る
三味線《しゃみ》に泣く　恋の項《うなじ》の　涼しさよ
ぶだう透く　笙に始まる里神楽
里神楽　少しお道化《どけ》て　福を呼ぶ

江戸から明治期、県内での農村歌舞伎や芸能が大盛況で、幕府の禁止令に隠れて仮小屋で行われていました。市川三郷町歌舞伎文化資料館提供

草の根的に広がった芝居熱に、徳川幕府や明治政府は芸禁止令を出しました。しかし、隠れ公演が巧妙に各地で行われていました。

「地芝居」は、農閑期や季節ごとの村の祭礼時に露店も出て行われ、地元有志が稽古を重ね、最高の晴れの衣装を纏い、太鼓、笛などで粗末な舞台で行われました。観客は御馳走を持参し、役者におひねりの献金をし、大声で役者を讃えました。最盛期の頃の公演は、桑畑の隅の茅葺仮小屋での公演を含め県内に推定50ほどはあったと言われています。一例として、旧地名の山梨郡の牧丘の諏訪村や山梨の岩手村や八幡村。甲府の草鹿沢村や能泉村、金桜神社。身延山の参拝役者がもたらした南部の南部歌舞。富士講信者相手の富士吉田の大明見村、鳴沢の大和田村、道志の河原畑村、都留の大幡村、上野原の西原村などがあります。その中で現在でも公演が行われているのが内船歌舞伎で、富士吉田歌舞伎、猿橋歌舞伎、八代村歌舞伎は休止中です。

南部の内船歌舞伎。身延講に関連し、地域に上、中、下の3座がありました。南部町教育委員会提供

笹子追分人形劇・地方に残る人形劇では希少

外国人から異色の芸能の筆頭と言われる人形浄瑠璃。「笹子追分人形」は、高い技が必要な頭、手、足の三人使いの形式を持ち、希少価値の高い伝統芸能です。

恋文を　ほどくかの日や　春惜しむ
人形の　歌舞く手足や　小夜時雨
道ならぬ　別れや雪に　三味猛《たけ》る

笹子追分人形芝居。人形の手足頭を３人で繰る高度な技です。笹子追分人形保存会提供

現在全国に残る人形浄瑠璃は数カ所とごく少なく、笹子追分人形は、淡路の系統を引き江戸初期から400年の歴史があります。笹子は甲州街道の難所である笹子峠越えの前に宿泊する場所で、そこでの公演の評判は江戸まで届いていました。これが今日までに続いたのは、現在の人形保存者である天野新一氏の先代が度重なる水害や火災から120もの人形を守り抜いてきたご苦労によります。一時消滅の危機にありましたが、山梨メセナ協会の支援もあり、約120体の人形の修復と義太夫や三味線などの人材育成もされ、現在は地元有志により、県内を始め国立のホールなどで広く公演が行われています。

道祖神祭など・民族芸能の数は全国屈指

山梨の道祖神の数は全国で長野に次ぎ大変多い密集地です。中でも「石丸道祖神」は山梨独特のもので大小含め約七百あります。この素朴な信仰は仏教より古く、縄文時代と言われています。これらの民族文化は、最近ユネスコの文化遺産に登録された無生野の大念仏を含め数多くあり、小正月や田植えと収穫時、季節ごとなど年間を通じて各地で行われています。

陽だまりに　夫婦和合の　道祖神
おどけてや　陰《ほと》をあらはに　七福神祭《しちふくさい》
村あげて　修羅曳き廻す　小正月
道祖神《みちがみ》の　太き男根　寒晒し
大太鼓　乗りて見得切る　村どんど
（旧塩山市の道祖祭「太鼓乗り」を詠む）

全国の奇祭の一つ。甲斐市下福沢の「七福神」。若者が七福神に扮し、新婚や新築、厄年の家を訪問し、ユーモアのある口上をし笛と太鼓で厄払いをします。国の民族博物館で紹介されました。内藤博文氏、岡田武氏提供

他所からも　子らも加はり　小松曳き

ささら獅子　跳ねて四方の　邪気祓ふ

獅子舞や　子の泣き声を　ひとかぶり

大蛇なる　神の藤切る　春まつり

道祖神に　繭玉添へて　春を待つ

道祖神は、道路の村境や寺や神社の入り口、峠などにおかれ、外からの悪霊や厄の侵入を防ぐための「悪除神」でした。今で言うウイルス（はやり病）などの病は深刻で、対処法は信仰に頼る以外になかったのです。また外部での不幸な出来事や災難の防御でもあります。その後信仰の範囲は男女和合、縁結び、子孫繁栄まで広がりました。

道祖神の素材は主に石や木で、形態は丸石型、男女や夫婦の双体、石棒、性器を模した「男根」、地蔵、権現、庚申、馬頭観音など大小様々です。また祭りの形態も集落ごとに異なり多種多様です。杉葉で囲む七福神小屋、ドンド焼き、ササラ獅子、神楽、虎舞など多彩です。特に異色の祭では、甲州市藤木の大太鼓乗りです、歌舞伎役者が大太鼓の上で啖呵をきり合う面白さです。また夜通し踊る「田野の十二神楽」、大蛇切の「藤切り祭り」。ユーモアたっぷりの甲斐市下福沢の男根木で新婚家庭の厄払いをするなどがあります。

また上野原市秋山の「無生野大念仏」は、世界的な希少性が評価され、平成７年にユネスコの無形文化遺産に登録されました。白装束の踊り手が太刀、締太鼓などを振り、経を唱え、夜通し踊る異色な芸能です。

一遍上人が起源。太鼓、鉦を打ち、経を唱えて踊る「踊り念仏」。大変希少な芸能です。上野原市教育委員会提供

春駒踊り・多摩川の源流域に唯一残る

甲州市の一之瀬高橋に伝わる「春駒」踊り・
武田の黒川金山衆に由来する、異色な「ウマオドリ」です。

春駒の　清めの鈴や　胴ぶるひ
春駒の　跳ねて股引　チラと見ゆ
首を振り　駒はおどけて　雪に跳ね
駒踊る　笛に太鼓や　春近む

甲州市一之瀬高橋地域の伝統行事「春駒」。
甲州市教育委員会提供

春駒の地・一之瀬高橋地域は、東京都の水源である多摩川の源流域にあります。起源は武田氏の繁栄を支えた金山衆の集落の行事であり、4つの集落毎に伝承されていました。白馬を模した馬役と馬子が笛、鉦、太鼓で踊りながら各戸を巡り、厄を払う小正月の行事です。一時過疎化による後継者難で消滅の危機にありましたが、山梨メセナ協会や市の援助で、対外公演をするまでに復活しました。

茶壺道中と時代祭り・都留市の歴史を再現

ユニークな出で立ちの「お茶壺道中」の祭り。
また大名行列を再現した「時代祭り」では、豪華絢爛の
大屋台も登場します。二つの祭りは郡内地方三大祭りの
一つで、個性ある都留市の歴史の
再現として貴重なものです。

陣立ての　茶壺道中　涼あらた
炎天の　軒々かすめ　屋台来る
炎天に　身を反り跳ねる　槍奴《やっこ》
花笠の　神子《みこ》に続きて　父母祖父母
先陣の　奴《やっこ》踊りや　夏深む
夏空に　金襴屋台　練りに練る

お茶壷道中の行列。
都留市産業課提供

10月末に行われる茶壺道中は、徳川家御用達のお茶を江戸に運ぶ行列を再現した祭りです。採茶使により宇治の茶が将軍に常時献上され、夏季は溶岩洞穴を持つ勝山城（都留市）の茶壺蔵で保管され、それを運ぶ採茶使や茶坊主の400人の物々しい行列を再現したものです。

８月末から９月始めの時代祭りは、庶民から信頼の厚かった城主の秋元氏が川越城主に転封する際の行列を再現したものです。４台の豪華な町ごとの山車と大名行列の再現です。ユーモラスな奴姿の赤熊と、槍持ちを先頭に豪華絢爛の大屋台と馬上の殿様や侍、お姫様、鷹匠など120名とお囃子の競演もある賑やかなものです。

厄除け地蔵尊祭りと十日市・春一番を告げる祭り

耳開く　厄除け地蔵　春近む
臼の市　手締め五拍子　春を呼ぶ
信玄の　髭にも勝り　達磨市
春待ちの　地蔵の厄除け　大わらぢ
十日市　終へて巨摩野に　春の声

鵜飼発祥の地は・石和の鵜飼山遠妙寺

平安時代からの歴史がある「石和鵜飼」。
室町時代の世阿弥の能にも登場する
長い伝統の行事です。

かがり火に　鵜を繰る網の　束奔《はし》る
火の粉を　四方こぼして　鵜飼舟

十日市祭。2月10日よりの祭りで、約15万人の人出

この地の鵜飼の歴史は長く、地元発掘の平安期の土器に鵜飼絵の記録があり、またこの近くにある鵜飼山遠妙寺にもその伝承があり、更に日蓮上人伝記にも記載があります。また室町時代の世阿弥の能の演目に『石和鵜飼』の記載があります。その後の江戸期では、葛飾北斎の富嶽三十六景の石和絵にも載っています。

石和鵜飼は他の地域の魚法とは異なり、直接川に漁師が入り鵜を操作する「徒歩鵜《かちう》」で、珍しい漁法です。

日本の鵜飼漁の始めと言われる石和の「徒歩鵜《かちう》」。笛吹市産業観光部提供

第四章　甲州人のたくましさや心情を、民話、民謡などで残す

妖怪など自然と一体の・語り文化

民話や、伝説、妖怪、神霊、霊魂などの伝統文化を生む地域は、人知の及ばない奥深い自然を象徴しています。

県内には今も霊感的想像の異世界を体験する場所が残っています。

語り部の　奈良田訛りや　クツワムシ
山姥《やまんば》の　語りは佳境　榾あかり
瓢《ふくべ》垂る　民話の里の　狐神
木霊の　民話語りや　河鹿鳴く
改心の　鬼と添い寝の　暮春かな

　南アルプスの麓の早川町奈良田や北杜市、甲州市、小菅村などの山間部は、多様な民話や伝説、妖怪、神霊など伝承文化の宝庫です。早川町の「奈良田の七不思議」は、神霊的な伝説と民話の代表例です。民族学者の柳田国男は、伝承文化の質と量はその地域の自然の奥深さ示す指標だと言っています。人知の及ばない自然の霊力が、これらの伝承文化を生んでいるとのことです。

　一方奈良田地区には、病気平癒で奈良時代の孝謙女性天皇（奈良王）が8年間滞在し、仮の宮殿を造った伝説もあり、「奈良田」の地名はそれに由来していると言われています。

庶民の郷土愛を歌う甲州民謡・代表格「縁故節」

甲州は民謡の宝庫です。

民謡は庶民の暮らし、労働、自然の恵み、喜怒哀楽などをゆったりとした詩情で歌う、郷土の愛歌です。

民謡を通じて、山梨の歴史を底辺で支えた庶民の姿を知ることができます。

鼻歌や　女《おな》が木を切る　縁故節
声揃へ　をみな土手搗《つ》く　春の音　（粘土節）
砂金採る　川瀬冷たや　金山節
春風を　誘ふ機《はた》織《お》り　女うた
ぶらぶらと　甲州盆歌　稲の秋
笛太鼓　遠く近くに　村甚句

　民謡は現在の歌と違い、地域の中から自然発生的に生まれ、無名歌が多いです。知られている歌だけで40ほどあります。その中で地域の特徴を色濃く残すのが「縁故節」です。

「縁故節」とは、峡北地方の魅力を歌った登山客への宣伝歌。その詩情ある素朴な曲調は「島原の子守歌」の元歌になったとのことです。「河鹿ほろほろ」や「来たら寄っとくれんけ」、「縁で添うとも」「サーサエゴエゴ」など十数番の歌詞があり替え歌も多く、県民歌のように口ずさまれていました。

　その他では、甲州盆歌、下山甚句、甲州金山節、甲州音頭、粘土節、都留機織り歌、西嶋紙漉き歌、ささら獅子舞歌、奈良の追分、馬八節、秋山甚句など、各地の風物や労働など庶民の心情を残しています。こうした視点での歌を現代版で再編し、地域の魅力発信に活用してはどうでしょうか。

第五章　山梨は「俳句大国」・
俳句人口は全国トップクラス

酒折の宮は、短歌、俳句の基、連歌発祥の地

酒折の宮は、短歌や俳句の基である連歌の発祥地。甲府市内にある「酒折の宮」は、大和時代の頃は奈良の都と今の関東である「東国」とを結ぶ中継点でした。そこで日本最初の連歌が詠まれました。

●日本武尊《やまとたけるのみこと》が、東征の帰途　酒折の宮で詠んだ歌
新治《にいはり》筑波を過ぎて幾夜か寝つる

●これに答えて、火焼役の翁が返歌
かがなべて夜には九夜《ここのよ》日には十日を
（大変苦労した日時を表現）

現在の甲府市東部に位置する酒折の宮は、大和朝廷時代奈良と東国（関東や東北）を結ぶ道の甲州の拠点でした。大和朝廷の日本武尊が東国平定を終えての帰路立ち寄った酒折の宮。全国を平定した安堵感を込めて、戦いを振り返って歌を詠み、これに火の番役の老人が応えた返歌を残しています。これが連歌の始まりと言われています。

連歌は五七五に七七を付けて交互にやり取りをします。それがやがて江戸期に俳諧となり、明治期に俳句と変化し、これが短歌や俳句の始まりと言われています。酒折の宮には連歌の記念碑が建っています。

古くから俳句の「句座」や「奉納俳句」が村々で盛んでした

山梨は、日本を代表する俳人・山口素堂や飯田蛇笏《だこつ》と龍太の誕生の地です。俳句人口は人口比率で全国トップクラスの俳句の先進県です。

目には青葉　山ほととぎす　初鰹　山口素堂（旧白州町）
芋の露　連山影を　正《ただ》うす《しゅ》　飯田蛇笏（旧境川村）
たましいの　たとへば秋の　ほたるかな　飯田蛇笏（旧境川村）
一月の　川一月の　谷の中　飯田龍太（旧境川村）
大寒の　一戸もかくれ　なき故郷　飯田龍太（旧境川村）
山々の　藍重ねたる　愁思かな　廣瀬直人（旧一宮町）
稲稔り　ゆっくり曇る　山の国　廣瀬直人（旧一宮町）
山国の　秋迷ひなく　木に空に　福田甲子雄（旧白根町）
鐘かすみては　遠ざかる　母郷かな　福田甲子雄（旧白根町）
富士の山　みながらしたき　頓死かな　辻嵐外《らんがい》（旧酒折村）

甲府市の芸術の森公園にある飯田蛇笏の句碑。大自然の山梨の景を詠う「芋の露」が刻まれています

江戸期、山口素堂は松尾芭蕉と友人でした。現在の北杜市須玉町の旧家に生まれ、甲府の酒屋へ転居後江戸に出て儒学を学び、藩役をしつつ俳諧など文芸活動をしました。作風は芭蕉と違い、風雅を旨としていました。一方県内では江戸末期から明治期にかけ庶民による俳句が大流行し、多くの村々で句座が開かれ、神社への俳句の奉納もあり、そこに素堂や芭蕉も度々訪れていました。

そうした風土の中で、明治中期に俳人飯田蛇笏が有名になりました。蛇笏は現在の笛吹市境川で生まれ、早稲田大学を経て高山虚子に師事。若山牧水や芥川龍之介などとの親交を持ちました。自然を詠む格調の高い作品が特徴です。その後郷土に根付いた作品作りのために帰郷し、『雲母』を創設。また『山廬集』、『霊芝』などを出しました。その子の飯田龍太は、昭和３年に雲母を引き継ぎ、井伏鱒二などと親交を深めつつ句集『百戸の渓』などを出しました。両者とも日本の俳句界を代表する俳人となったのです。

その後両飯田氏の作風を廣瀬直人や福田甲子雄が引継ぎ、山梨の風土に根づいた独特の作品を生み出し、日本の俳句界を牽引してきました。

このような背景もあり、山梨は愛媛県と並び「二大俳句大国の一つ」と言われるほどになりました。県内での句会の数と俳句人口の比率の高さでは全国トップであり、創造的な作品が次々と発表され、日本の俳句界を牽引しています。

句碑の里・身延町、世界最多の句碑が並ぶ

道々に　句碑の声聴く　山の秋
日脚伸ぶ　句碑それぞれの　温みあり
石文《いしぶみ》の　百句五百句　木の芽風
辻毎に　秋の聲きく　句碑の里
裸木に　呼びとめられて　ゐたりけり

句碑が並ぶ、身延町久成の句碑の里

第六章　郷土が生んだ文化人達・地元の人情や風土を活かす

山梨の出身または山梨に関係した作家は、山国山梨の独特の人情や風土、歴史などを色濃く出した作品が特徴です。

特に深沢七郎や太宰治、林真理子などの作品はその典型と言えます。

石和町生まれの深沢七郎は、中央公論第１回新人賞受賞など評判の作家です。超異色な内容で有名な『楢山節考』『甲州子守唄』などは地元山梨の人情や地形を鮮明に出しています。

また甲府に住んでいた太宰治の『富嶽百景』は、御坂峠の茶屋で構想を練ったとのことです。

更に両親が塩山市出身の樋口一葉の『ゆく雲』や直木賞作家で文芸家協会理事長の林真理子の『葡萄が目にしみる』、また同じく直木賞作家の辻村深月の『太陽が座る場所』などは、地元山梨の人情、風土、歴史などをイメージしてつくられています。

一方、宮沢賢治の『銀河鉄道の夜』は親友の保阪嘉内《かない》の生家である韮崎駅近くの中央線の夜景からイメージしたとのことです。

更に、探偵小説の先駆者、木々高太郎（甲府市）。また小説などでは、山本周五郎（大月市）、壇一雄（都留市）、小尾十三　（北杜市）、前田晁（山梨市）、中村星湖（富士河口湖町）、石原文雄（市川三郷町）、NHKの朝ドラになった村岡花子。差別と偏見の「らい病」と闘った医師小川正子、また初代市川團十郎の曾祖父で能師匠の堀越十郎、またノーベル賞受賞の大村智（韮崎市）なども郷土の人です。

甲斐の誇り・その十
山梨の魅力と底力を・芸術表現で世界へ発信

第一章　山梨が誇る山川草木、その壮大な景観を舞台にした世界初の芸術祭を提案

山梨の魅力と底力、それを芸術という感動の力で広く発信する「やまなし山紫水明芸術祭」（仮称）を提案します。

山国山梨の憎い程個性的な自然と人、地域を、地球環境問題と絡め、世界へ発信してはどうでしょうか。

山梨の魅力を言葉で説明する以上に効果はあると思います。

芸術は爆発だ　萌え立つ山の　迫りくる
リヤ王の　嘆くや舞台　雉の声
紅葉かつ散る　森が舞台の　恋芝居
彫像は　ムンクの叫び*　峰吹雪く

*彫刻の作品名

森林とアートが一体化した、山梨在住の石田泰道氏の作品。氏の、新潟より山梨に延びるフォッサマグナでの連携アート展は有名。石田泰道氏提供

オーケストラの　魔笛に覚める　紅葉山
照明の　滝昇竜の　ごと空へ
四季の曲　響くや山の　百千鳥《ももちどり》
背景は　芽木が踊り子　ジャズ響く
主役は木々　民話舞台に　山の霧

第二章　森と星一体の舞台、萌木の村「野外バレエ」公演

森の月　指してジゼルの　舞踊る
野外劇　幕の合間の　虫時雨
白鳥の　バレエ歓喜の　月を呼ぶ

34回もの歴史をもつ、森を舞台にした萌木の村の「フィールドバレエ」

特異で前例のない
「やまなし山紫水明芸術祭」（仮称）の一例

この芸術祭の特徴は、新潟県十日町や瀬戸内の島々での野外芸術祭の例とは異なり前例のない特異なものです。例えば日本第二の高峰の北岳山頂を舞台にして、真っ赤な朝焼けの富士山をバックに創作オペラなどを実演し、それをSNSなどを通じ世界に映像で発信するのです。そのような公演の舞台をこの本で紹介する様々な場所や場面とし、芸術表現によって唯一無二の山梨の様々な魅力を情報手段（観客公演も含む）で世界に広く発信するのです。

それは、都市で行われている何十万の観客の前で芸術公演をする大規模のものと対極とも言える小規模点在型のもので、その意外性こそが魅力であり注目されると思っています。

映像での発信は、山梨独自の専用映像チャンネル局をつくり常時世界へ行います。そしてその映像にスポンサーをつけるなどして財源を確保するのです。

その舞台となる一例としては、富士五湖の水上、河口湖ラベンダー畑、富士山と富士五湖が一望できる新道峠。柳川渓谷の滝をバックにした立体吊り橋、山間地の滝壺や修験道遺跡。

また花や実を付けた桃や葡萄の畑やハウス、棚田。ワインや精密機器またはロボットの工場。名刹寺の庭園。新府城跡など無数です。

また芸術表現の方法は極めて多様であり、県内外で活躍中の音楽、ミュージカル、オペラ、バレエ、舞踏、演劇、絵画、立体物や映像芸術、伝統芸能、文学表現、伝統の祭りなどの関係の方々の協力を得て行うのです。

第三章　自然派ミレーに特化した世界で唯一の山梨県立美術館

農村風景などミレーの作品は、
山梨の素朴な山村風景にぴったりであり、
農耕民族である日本人の心を揺さぶります。
特に『落穂拾い、夏』や『種をまく人』など
約七十点のミレー作品の収蔵により、
世界的に「ミレー美術館」として有名になり、
オルセーなど世界一級の美術館からも
借用依頼があります。

梵鐘の　ミレーの秋を　惜しみけり
長々と　引くや落ち穂を　拾ふ影

山梨県立美術館正面

『種をまく人』。
山梨県立美術館提供

ミレーは日本人好みのトップクラスの画家の一人です。その作風が農耕民族である日本人の琴線に触れるからだと思います。

山梨県とミレーとの関係は、1978年に当時の田辺知事が１点２億円もの巨額で『種をまく人』の作品を購入した時からです。これに対し賛否両論が全国的に渦巻き、突出した注目度となりました。その後ミレーの代表作の一つである『落穂拾い、夏』の３億円購入など、次々と作品を収蔵し、世界から一目置かれるほどのミレーの美術館になりました。

それまで絵画の主題は宗教絵画でありました。が、ミレー作品の最大の魅力は、それまでタブーであった貧しい下積みの農民の労働や素朴な農村風景、また家畜を描いたことでした。ミレーはこのタブーに挑戦するように社会に問う作品を画いた先駆者です。中でも「落穂拾い、夏」は、収穫後に落ちている穂を拾う貧しい庶民や貧困の場面をアップして描いた時代を象徴する作品です。それが社会に大きな衝撃を与えたのです。

この開館を契機にミレー人気は国内外で一気に高まり、美術館に縁遠かった人にも火を付け、地方美術館では初めての年間25万人の入館者がありました。

『落穂拾い、夏』の作品の取得は崖っ淵での決断でした。
二度とない名画の出現・世界中のコレクターによる争奪戦に。

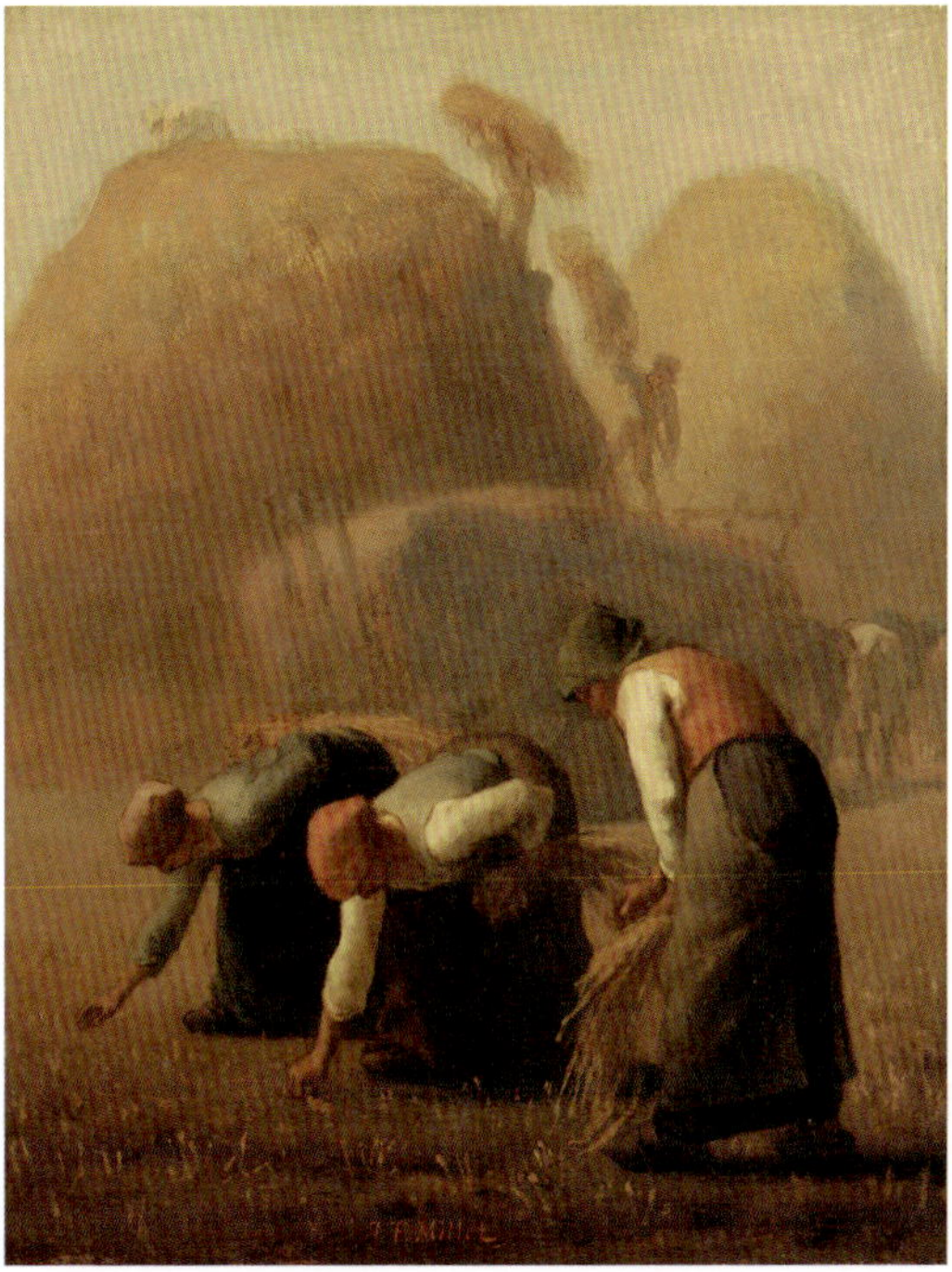

ミレーの代表作の一つ、『落穂拾い、夏』。これは世界中でその所在を探し続けていた貴重な作品でした。山梨県立美術館提供

『落穂拾い、夏』の取得は、筆者の私が副館長として関わりました。ミレーの代表作であるこの作品が突如絵画市場に出たことで、世界中のコレクターが動き、予想価格はすぐに億単位になりました。当然ミレー美術館としては二度とないチャンスですが、当館の作品取得基金は6000万円であり、しかも一刻も早く対応しないと取得は無理な状態でした。

そこで私は、山梨の将来のために決断すべきと考え、海外対応として取得の意志を表明し、またさまざまな対策資料を連日徹夜で作り、知事に取得を要請し、知事も前向きでした。しかし問題は、当時は不景気の最中であったこともあり、取得は至難の業でした。

そこで、その重要性を何度となく知事に同席するなどして県民に訴え、また全県議会議員への個別説明など手を尽くし、最後は知事の決断により３億円余りで取得することができました。この間の２か月は、神経をすり減らす、眠れぬ日々でありました。

「住みたくなる山梨」・その魅力づくりへ試案

山梨の個性である、「小さな県と甲州人気質」を最大限に活かす

その1は、先人達の開拓者精神や知恵を、明日の山梨に活かそう。

例えば「果樹とワイン大国山梨」の誕生の経過です。先人達は平地の少ない山国の不利な環境を逆手にとり知恵と工夫で山梨にしかない差別化した資源を開拓しました。

昭和中期までは、山梨には他県のような米作に適する平地は少なく、収入源確保に苦労していました。しかしこの不利な地形、土質、気候を様々な工夫によって克服し、ぶどうなどで日本一の産地にしました。そしてそれをワイン産業に進化させたのです。更にその発酵技術を高度利用した新産業にまで発展させました。また、世界に誇る宝飾産業の例です。最初は金峰山麓の水晶鉱石の発見でしたが、それを磨く技術を開拓して、世界に誇れる宝飾産業にしました。更にその水晶をまったく想定外の半導体へと発展させ、山梨の誇る精密機械産業にも貢献しています。こうした事例は当たり前にあった足元の資源を重視し、磨き抜いてきた努力の結果だと思います。

その2は、山梨を、人材を引き付ける「県民総参加による知的財産」の県に。

それは、知的な雰囲気を県内に創ることでその山梨の魅力を広く発信することが目的です。このような地域づくりは先例がなく異色ですが、それが山梨の個性であり、先進性だと思います。そのことで、

定住促進や知的人材の誘致、先端産業の誘致に連動できればと思っています。

その具体化策として、山梨を「アイデアの実験場」とし、人、物、事に関する知的財産を県内に蓄積する取り組みをするのです。その第一歩として、県民一人ひとりがこの本で紹介する様々な自然や物、事の魅力や凄さ、有り難さを再確認していただきます。その過程で疑問やヒントを探し、工夫して社会的な資源にするのです。その先進例は、すでに小さな国で発明大国であるハンガリーにあります。身近なボールペンや炭酸水、カラーテレビ、コンピューターやロボットなどの原理の発明はこの国発祥ですし、ノーベル賞の人口当たりの数は世界一です。この国は軽視されがちな市民の身近な疑問や発想、アイデアを、激励、顕彰、サポートなど様々な手段で支援し、国の知的資産にしてきたのです。こうした発想の例は我々の身近にもあり、例えば果実や野菜、薬草も最初は一人の発見者によって野生種の中から一つの実や株の変異を発見したことが始まりでした。ＡＩなど科学技術が進歩した現在でも地球上で解明されたものは僅か大平原の羊の一匹程度と言われており、発見の種は身近に無数にあるはずです。そこで具体的な取り組みの例として、まず県民の気づきや発見やアイデアを気軽に提案していただくための、失敗を含めた努力を報奨する制度を作ります。そこから出された発想を行政や企業、専門機関が吸い上げ、特許取得や商品化、事業化するのです。その過程で研修や教育普及活動を始め、スタートアップを支援する発明協会や県内の大学、創業や資金調達などの専門家のサポート、また生成ＡＩの支援も受けます。また人材育成のための大学での専門学部や研究機関の設置。また学校での「想像力強化の特別授業」など様々な工夫も行います。そして山梨が県民総参加のアイデアの実験場となるのです。

その3は、山梨の資源の中で最大の価値を持つ森林、その危機的な荒廃の対策です。

この荒廃の要因は、木材価格低下による森林経営の悪化と人材不足による放置森林の増加です。それに加え、近年の鹿の異常繁殖による食害の全県域への拡大です。

特に深刻なのは、鹿の食害の対象が幼木から貴重な草類や成木の剥皮まで拡大し、白骨化樹木やお花畑の消失などが急増し、従来の網防護柵や狩猟の対策などでは焼け石に水の状態にあることです。これらの対策は県民の最重要な財産を守るためにも全国に先がけて実行してほしいものです。また振興策として全国一律の森林関係の住民税や緑化基金では不十分ですので、別途広く県内外から、なんらかの形で資金を集める仕組をつくるのです。例えば、水源への感謝税とかふるさと納税制。または特典付きで寄付を誘導する制度などです。また森林が県民の身近な存在になる取り組みとして、戦前にあった県民皆植林の運動や植樹者を顕彰するなど、現代版に改善して行う。また樹木のオーナー制度の復活なども一例です。

また鹿対策では、天敵である狼の育成と復活、また甲斐犬を鹿に特化して訓練し繁殖するなどの対策も必要かと思います。

その4は、高齢者の力を借り、山梨を「子育て環境の先進県」に。

そのことが山梨の魅力となり、子育て世代の定住にも繋がればなお良いと思います。

例えば、子育ての経験豊富な高齢者が各自の得意分野で若い親達をサポートし、出産は「苦行」とした環境の改善に貢献していただくのです。かつてはおじいちゃん、おばあちゃんがその役割を担っていましたが、その現代版です。多くの若い親達は共稼ぎや生活面で多忙を極め、心身共にゆとりを欠いています。それを高齢者の「無償の愛」により地域ぐるみでサポートするのです。人手不足が深刻化する中で高齢者の戦力化の効果は大きく、また子供達の精神面の成長にも大きくプラスすると思います。

その5は、深刻化する果樹や森林、福祉の人材確保のため、大都市に隣接する優位性を活かした対策を。

山梨の労働人口は五十年後に約四割に減少することが予想され、これを県内で賄うことは不可能だと思います。

特に山梨の産業の中核である果樹や中小企業での後継者や人材不足は深刻化の一途にあり、それを外国人に頼るのも限界があります。そこで山梨の首都近接の立地を利用し、首都圏の企業や市民の人材を活用することも一つの対策だと思います。今後雇用形態は、週休三日制やリモートワーク、セカンドキャリア、副業、社会貢献の一般化などにより本業以外から収入を得る例も増えます。また短時間や短期、季節雇用なども一般化すると思います。それらを有効に活用したシステムづくりも重要であると思います。

富士山鉄道構想及びリニア工事問題へ、私の新聞での提言

富士山鉄道構想に懸念・水素燃料バスを

2024年1月31日　山梨日日新聞投書欄掲載

富士山の鉄道敷設構想は地域振興を思う知事の熱意の現れかと思います。それだけに、鉄道ありきで本当に良いのか心配です。それは相手が霊山たる世界遺産であり、地震などのリスクがあるからです。鉄道開設まで順調でも、運行後、さまざまな問題が噴出することを懸念しています。特に最近、完成後に批判になった公共や企業の大事業の例があるからです。これは自分に都合の良い情報や意見にこだわり、客観的視点に欠けた結果かも知れません

そこでこのようにならない事を願って試案を例示します。まず、富士山は県民にとり日々仰ぐ勇気の源泉であり、全国民の精神的象徴の特別な存在であることです。また、世界遺産登録の真意は、開発や俗化された自然遺産は拒否され、長年入山を規制してきた神聖なる霊山でした。入山を規制する開山祭と閉山の火祭はその代表例です。その神の心臓部といえる聖域への鉄道建設は「鉄の道を突き刺すようだ」と言われかねません。

また、鉄道での入山者の増加が実益なのかです。人が増え混雑し俗化すれば、短時間滞在で足早に流れる「通過観光」となる可能性もあります。京都ですら、観光客増加の反面、観光公害や俗化が進み、経済効果は減じています。さらに重要なのは鉄道予定地が遠くない時期に噴火があり得るエリアと言うことです。

そこで発想を転換し、例えば五湖一帯の地域振興として、知事が進める水素燃料の利用先進モデルの地とし、５合目行きは水素使用の自動運転の連結バスに。それを五湖一帯の観光拠点周遊の循環バスとし、さらに甲府盆地まで拡大するのです。バスは多様なニーズに対応し易いからです。

（甲斐市・堀内克一）

付　記：富士山５合目の観光客は超過密状態にあり、またその人達は足早に県外に去って行きます。一方県内各地の観光地は苦戦しています。この二つの課題解決として、経路設定と柔軟な運行が可能なバスの利点を活用し、５合目から県内各観光地を周遊循環するバスを提案します。

自然保護と工事を両立する知恵は

2020年7月30日　山梨日日新聞投書欄掲載

リニア中央新幹線のトンネル工事を巡っての静岡県知事とJR東海との対立は、あの山域に何度も登山した私としても心配です。問題となっている大井川源流域は日本第三位の高峰間ノ岳や荒川岳、荒倉岳などが連なり動植物の宝庫です。その下流域にある静岡市や日本を代表するお茶の産地の川根町、牧之原などはこの水に依存しています。その不安がこの問題の根底にあると思っています。

こうした上流と下流域と争いの例は多くあり、その中で暴れ天龍川を治めた浜松の実業家・金原明善の事業に注目しました。明治初期、金原は天龍川下流域の度重なる災害対策に私財を投じて上流域120ヘクタールにスギ、ヒノキなどの苗1200本を植え洪水を防ぎました。今残る天龍の美林です。当初金原は上流に巨大なダムを計画しましたが、下流域住民の水問題での利害対立があり、自然を利用した治水事業に解決策を求めたということです。

間ノ岳周辺を登山して感じたことは、大井川上流は最近、山の崩落や荒れ山が目立ち、下流にとっても異常気象で大変心配と思います。そこで例えば、ＪＲ東海と静岡県が基金を出し造林事業などを行い、自然を守りつつ工事をする。そうした歴史に残るような知恵がある解決を望んでいます。

（甲斐市・堀内克一）

付　記：この問題の早い解決を願い、この記事を参考までに、静岡県の川勝前知事、鈴木現知事、JR東海社長に送りました。

あとがき

長年、県内各地を取材しまたボランティアなど様々な活動を通じて記録してきたものがやっと本になりました。これも多くの方々のご協力があってのことであり心より感謝申し上げます。

特に出版にあたっての基本をご示唆頂いた作家で演出家の水木亮氏。山梨日日新聞出版部副部長の風間圭氏、また俳句の校閲を頂いた山梨日日新聞の俳句選者である俳人の保坂敏子氏を始め、取材協力や写真提供などを頂いた多くの方々に心よりお礼を申し上げます。更に（株）文芸社の皆様には私のつたない原稿を評価頂き、また大変なご尽力を頂きました、改めてお礼を申し上げます。

なお本の内容につきまして、不備、不十分な点も多々あろうかと思いますが、山梨を愛する熱い想いとしてご理解を頂ければ幸いです。

堀内 克一（ほりうち かついち）

1940年、山梨県甲斐市生まれ

●著作物
『地方文化再生の道』公人の友社。
『山梨県職労史』（山梨県庁の終戦直後史を含む）
　朝日新聞「やまなしに想う」の連載

●ボランティア関係（元）
・NPO 文化風起こしの会会長
・全国メセナネットワーク座長
・NP0山梨メセナ協会の設立、専務理事
・NPO 敷島棚田等農耕文化保存協会の設立、会長
・風林火山演舞コンテスト実行委員長
・地域づくりネットワーク会員
・県ボランティア協会理事
・山梨郷土研究会会員

●主な山梨県庁歴
・企画調整主幹（知事直属の重要政策の総合調整）
・広聴広報課広報リーダー（全戸配布の「ふれあい紙」の編集など）
・その他、文化課長、県立美術館副館長、企画管理局次長、林務部、農務部、商工労働部などを歴任）

●俳句関係
・俳歴43年。俳号「素竜」
・元山梨県俳句大会実行委員長
・県庁句会、志麻句会を設立
・県内の俳句の歴史等調査（開館当時の県立文学の資料収集）

●登山歴
・中学生以来の約60年間、県内や全国の山延べ約1300を登山
・「しらたま山の会」の設立

●行政書士（元）

●甲斐市選挙管理委員長（元）

著者プロフィール

堀内 克一（ほりうち かついち）

1940年、山梨県甲斐市生まれ　元行政書士
山梨県庁にて企画調整主幹、局次長、広聴広報課広報リーダーなどを歴任
俳句歴43年、登山歴約60年、ボランティア活動にも積極的に携わる
〈おもな著作物〉
『地方文化再生の道』（公人の友社、2000年）

（詳細なプロフィールは前ページに掲載）

凄いぞ山梨　その魅力と底力　比類なき個性こそ山梨の宝

2025年1月15日　初版第1刷発行

著　者　堀内 克一
発行者　瓜谷 綱延
発行所　株式会社文芸社
〒160-0022　東京都新宿区新宿1－10－1
電話　03-5369-3060（代表）
03-5369-2299（販売）

印刷所　TOPPAN クロレ株式会社

ISBN978-4-286-25150-9